国家社科基金重大项目"5G时代新闻传播的格局变迁与研究范式转型"（21&ZD325）

THE ERA OF INTELLIGENT MEDIA

Scenario Application, User Perception, and Risk Strategies

智媒时代
场景应用、用户感知与风险策略

李本乾　王大可 ◎ 著

上海交通大學出版社
SHANGHAI JIAO TONG UNIVERSITY PRESS

内容提要

本书深度剖析了人工智能时代传播技术演进对新闻传播领域产生的深远影响。书中首先对比分析了中西方智能传播研究的差异，指出中国范式重思辨轻实证，西方范式则轻思辨重实证。其次探讨了智能媒体的技术逻辑变革，以及智能技术如何驱动媒体内容生产，并详细阐述了智能传播技术的应用场景，如 Sora 模型在视频素材优化与创作效率提升方面的应用。再次，本书还深入研究了智能传播技术的受众采纳行为，包括 AI 技术的使用意愿、行为及影响因素。在智媒环境下，舆情风险与信息感知成为重要议题，书中对此进行了全面探讨，并提出了风险监测的感知模型。最后，本书关注了智能时代的情绪传播、社会治理以及大数据伦理风险，特别是生成式人工智能传播伦理风险的隐忧、成因、治理理念与机制，为智媒时代的发展提供了较全面的观察与应对策略。本书适合新闻传播、文化产业研究者及从业者参考阅读。

图书在版编目(CIP)数据

智媒时代：场景应用、用户感知与风险策略 / 李本乾，王大可著. -- 上海：上海交通大学出版社，2025.3.

ISBN 978-7-313-32366-8

Ⅰ. G206.2-39

中国国家版本馆 CIP 数据核字第 2025F5C826 号

智媒时代：场景应用、用户感知与风险策略

ZHIMEI SHIDAI: CHANGJING YINGYONG、YONGHU GANZHI YU FENGXIAN CELÜE

著　　者：	李本乾　王大可		
出版发行：	上海交通大学出版社	地　　址：	上海市番禺路 951 号
邮政编码：	200030	电　　话：	021-64071208
印　　制：	上海景条印刷有限公司	经　　销：	全国新华书店
开　　本：	710 mm×1000 mm　1/16	印　　张：	11
字　　数：	161 千字		
版　　次：	2025 年 3 月第 1 版	印　　次：	2025 年 3 月第 1 次印刷
书　　号：	ISBN 978-7-313-32366-8		
定　　价：	58.00 元		

前　言

　　随着互联网技术从 Web 1.0、Web 2.0 发展到 Web 3.0，人类传播历经静态网页、社交媒体，发展到智能媒体时代。与此同时，中国特色社会主义事业的不断发展又进一步推动了传媒变革。随着网络创新和社会进步，我们将迎来传播的崭新时代。为此，我们应抓住技术创新与时代发展的机遇，争取为人类传播做出更大贡献。

　　第一，数据驱动将为传播学科的建设提供新机遇。众所周知，创新研究方法对一个学科的发展至关重要。譬如，威廉·冯特（Wilhelm Wundt）创立了世界上第一个心理学实验室，开创的实验心理学研究方法被认为是心理学成为一门独立学科的标志。纵观传播研究，以往大都运用模型驱动方法，通过构建和分析研究模型达到科学认识原型的目的。

　　2007 年，邓肯·瓦茨（Duncan Watts）在《自然》杂志发表的《二十一世纪的科学》中指出，基于互联网产生的大规模数据与实验将会变革我们对于复杂人类互动和集体行为的理解和认知。2009 年，哈佛大学教授拉泽尔等（Lazer et al. , 2009）在《科学》杂志发文，正式提出"计算社会科学"（computational social science），开启了计算社会科学的研究热潮。与以往的研究相比，计算社会科学的特色在于数据驱动研究方法。随着网络技术的发展，数据资源更加丰富，算法和计算工具不断进步，人们将海量数据应用于揭示复杂人类传播规律的能力也将不断提高。而数据驱动研究方法的日趋成熟，势必更加有力地推动传播学科成长为一种"平台型学科"，引领数字时代哲学社会科学的进一步发展。显而易见，数据驱动研究方法将为传播学科发展提供新机遇。

第二，媒介融合将为传媒与社会发展创建新模式。纵观媒介发展史，我们不难发现：报纸、广播、电视等传统媒体的黄金发展恰逢人类工业化蓬勃发展时代，而工业化时代的显著特征便是强调分工和专业化发展，传统媒体必将打上工业化时代的深深烙印。然而，互联网时代的特征并非如此，它强调的是融合而非分工或专业化。事实上，即使在互联网发展初期，静态网页已具备将文字、图片、音频、视频等融合的功能。换言之，Web 1.0 时期已拉开了媒介融合的大幕。Web 2.0 时代，传者与受者的双向互动不仅使两者的界限被淡化，而且超越了传媒的疆界，推动诸如传媒与电商等产业融合。在 Web 3.0 时期，VR、AR 以及元宇宙与人工智能技术的发展更是在促进人与机器、虚拟世界与现实世界融合。由此可见，数字技术发展促进了媒介融合，而媒介融合又将进一步推动人机融合、虚实融合、产业融合……它必将促使经济和社会要素的重新组合，创建一系列传媒、产业和社会发展的新模式，推动传媒、经济和社会向更高的水平发展。

第三，智能传播将为未来的传媒发展提供新动能。虽然人工智能的概念是在 1956 年被提出的，但直到 2022 年 ChatGPT 的横空出世，人们才深刻体会到 AI 技术从感知、理解世界到生成、创造世界的巨大飞跃。目前，国外媒体应用大模型发布了谷歌 Genesis AI、NewsGPT 等；文心一言大模型发布后，澎湃新闻宣布成为百度"文心一言"首批先行体验官。由此可见，国内外媒体已将人工智能大模型广泛应用于内容采集、数据分析、内容制作、个性化报道、受众互动和运营等媒体场景中，极大地提高了内容生产和个性化推荐的效率。倘若未来其能够在各种智能任务上与人类的能力相媲美，甚至超过人类的能力，即一种被称为"通用人工智能"的技术获得更大的进步，必将为未来传媒发展提供更加强劲的新动能。

第四，教育传媒将为讲好中国故事营造新生态。改革开放四十多年来，我国的经济建设取得了令人瞩目的成就，但"西强我弱"的国际舆论格局并未被彻底扭转。为此，讲好中国故事具有十分重要的意义。

笔者通过国际权威调研平台 Qualtrics，对美国、澳大利亚、新加坡、加拿大、英国、日本、韩国 7 国的 1 500 名电竞用户进行问卷调查，调查结果显示，海外玩家对中国文化的欣赏与好感促进了其对中国形象的积极评价。

Gdelt 全球新闻库 2021—2023 年涉华新闻数据显示，与中华文化相关的新闻更为正面。全球最大的问答分享社区 Quora 数据显示，文化类话题下对中国相关问题的正面回答占六成左右。上述数据远远好于皮尤研究中心(Pew Research Center)2023 年 7 月 27 日发布的 24 国家受访者对中国好感度的评价。为此，发挥教育传媒的独特功能，传播中华优秀文化，营造良好的文化生态环境，讲好中国故事将取得事半功倍的效果。

抓住新机遇，创造新模式，添加新动能，营造新生态，让我们共同开创讲好中国故事的新局面，迎接人类未来传播的新时代。

目　录

第一章

中西方智能传播研究的比较与分析

大数据、人工智能和虚拟现实等技术不仅引发了技术革命,也带领人类文明走向全新的发展阶段,开启了智媒时代。喻国明表示,"我们的认知及其传播学学科建设势必要以全新的逻辑、全新的框架乃至'范式的革命'的方式来进行建构①。"智媒时代的核心问题就是技术与人的关系,对传播学科研究而言,研究重点不仅是过去传统意义上对传播内容的研究和对社会功能问题的把握,更是在追问技术对当代个体存在方式和日常生活的意义②。智媒时代的技术核心即人工智能技术,而目前在传媒领域应用最广的人工智能技术无疑就是智能算法,正因如此,"算法"一词以前所未有的频率出现在了公众视野之中。对 CNKI 数据库内以算法为主题的新闻与传媒领域的文章进行可视化分析发现,出现频次最高的次要主题之一是信息茧房。桑斯坦(Sunstein)早在 2006 年提出的信息茧房概念,在智媒时代的算法研究中如此受到传播学者的关注,与其强调媒介对人本身以及社会结构的影响密切相关,这一假说预言了个性化的媒介环境造成个体视野窄化、群体观点极化乃至民主社会分裂的可能③。剥开信息茧房的外衣,这一概念的本质正是智媒时代传播学关注的核心问题——智媒对人与社会的重塑,可以说,在其他相关概念尚处于朦胧不清的酝酿阶段时,信息茧房一马当先地担当起了智媒时代传播学典型研究议题的排头兵。剖析信息茧房相关研究的取向无疑能够帮助传播学者见微知著,洞察智媒时代下传播学研究范式的本质和发展趋势。

第一节　中西方智能传播议题的取向差异

长久以来,中国传播学作为舶来学科,深受西方学术话语体系的影响,

① 喻国明.传播学的未来学科建设:核心逻辑与范式再造[J].新闻与写作,2021(09):5-11.
② 胡翼青.重塑传播研究范式:何以可能与何以可为[J].现代传播(中国传媒大学学报),2016,38(01):51-56.
③ 梁锋.信息茧房[J].新闻前哨,2013(01):87.

本土化范式的创新焦虑在传播学者中一直十分突出。金兼斌是最早运用范式对中国传播学进行反思的学者之一，他认为大陆传播学研究为"边陲中的边陲"，提出了"先规范，后特色，百花齐放"的发展思路①。在金兼斌的基础上，蔡骐认为目前在中国传播学研究占据主导地位的依然是传播的批判研究范式，社会科学范式在中国呈现的是一种上升趋势，传播研究的诠释范式在国内表现得最弱，并最后提出多元范式并存的解决思路②。胡翼青认为中国传播学还没有什么成型的研究范式，提出经验主义和技术主义的人文主义转向预示着传播学未来的出路③。虽然学界意识到了这一问题，但现有研究更多地表现为一种宏大叙事、一种战略愿景式的表达和构想，亟待"化战略为行动"。

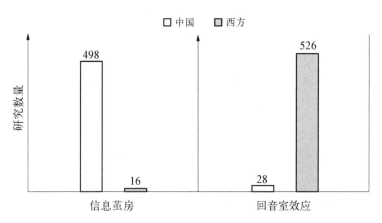

图 1 - 1　中西方信息茧房、回音室效应的研究数量差异

当前信息茧房议题的研究中似乎开始出现中国传播学学术自觉性的萌芽。在西方传播学者大多对信息茧房持中立态度时，其在中国却始终是智媒时代伦理思考的关注重点；信息茧房在西方被视为"似是而非"的假说④，

① 金兼斌. 传播研究典范及其对我国当前传播研究的启示[J]. 新闻与传播研究，1999 (02)：12 - 26.
② 蔡骐. 传播研究范式与中国传播学发展[J]. 国际新闻界，2004(04)：49 - 51.
③ 胡翼青. 传播学：学科危机与范式革命[M]. 北京：首都师范大学出版社，2004：113.
④ 陈昌凤，仇筠茜. "信息茧房"在西方：似是而非的概念与算法的"破茧"求解[J]. 新闻大学，2020(01)：1 - 14＋124.

在中国却成了"望文生义"的理论①;算法技术在西方作为导致信息茧房的可能原因被反复求证,推荐算法在中国却成为引发信息茧房的核心原因被全面批判。更加直观的区别是,以信息茧房为主题的中文文献数量可观,以Information cocoons为主题的英文文献却几乎空白。因为国外学者通常采用"echo chamber(回音室)"这一概念来探讨国内"信息茧房"一词所指代的信息同质化现象。回音室效应和信息茧房的概念都是由桑斯坦提出的,两者的负面效应也十分相似,都可以归结为个人视野局限、群体意见区隔和民主社会分裂三个层次②。本文关于信息茧房议题所参考的中文文献主要来自截止2021年8月9日,CNKI数据库中属于新闻与传媒领域且主题为"信息茧房"的文章,共有498篇;而英文文献则是来自WOS数据库中检索到的研究方向为Communication且主题为"echo chamber"的文章,剔除地区为China的74篇文章之后,共有526篇。

智媒时代下信息茧房研究的中西分歧是否暗示着中国传播学学术自觉性的觉醒,摆脱西方学术话语标准、具有中国特色的传播学范式正在形成呢?反其道而行之,"由行动洞悉战略",在已经显露出中国特色的信息茧房研究中梳理中国传播学的范式取向,或许是一条帮助传播学者找到智媒时代本土化范式创新方向的捷径。

第二节 传播学研究范式的类型化溯源

范式一词最早是由库恩(Kuhn)在谈及科学革命时提出的,而库恩本人也未能给范式这一当前备受学者们关注的学术名词一个统一且明确的概念。在其著作《科学的革命》中对范式以及范式相近的概念的用法高达二十多种,后来学者们根据库恩的表述将范式概括为某一学科领域的学术共同

---

① 陈昌凤,仇筠茜."信息茧房"在中国:望文生义的概念与算法的破茧求解[J].新闻与写作,2020(01):58-63.
② 刘强,赵茜.算法中选择的同化与异化:国外回音室效应研究20年述评与展望[J].新闻界,2021(06):29-38.

体所遵从的理论基础、研究方法和实践规范。或许可以从范式的作用和特点来进一步明确这个看似捉摸不透的概念：库恩认为新的范式的出现会带来科学的革命，但新的范式不一定会取代旧的范式，而且不同范式之间是不可通约的①。将这些原则与具体的新旧范式相结合理解或许会更加明晰。以传播学中的经验主义与批判主义为例。批判主义作为一种新的范式出现之后，可以说颠覆了传播学以 5W 模式、四大奠基人为经纬的学科体系，以往基于数据科学的理性研究的合理性开始受到质疑并被重新审视。但这种震荡并没有取代经验主义研究，而是扩大了传播学的学科疆域。而范式之间的不可通约性即便受到了一些学者的批评，但大到批判主义和经验主义在工具理性和价值理性的分歧，小到阿多诺（Adorno）与拉扎斯菲尔德（Paul Felix Lazarsfeld）的分道扬镳似乎都成了这一观点有力的佐证。总而言之，范式决定了持有这种范式的学者会关注什么问题，如何看待这些问题，如何去研究自己所关注的问题。换句话说，持有不同范式的学者持有不同的立场，关注不同的问题，保有不同的价值观，贯彻不同的逻辑思维方式，选择不同的研究方法。而这一系列的"不同"之间又存在着紧密的内在联系和连锁反应。

即便库恩本人对"范式"的定义极为模糊，但他也大体上认可了马斯特曼（Masterman）三个方面的分类：形而上学范式或元范式、社会学范式、教科书范式②。如今"范式理论"的影响早已超出科学哲学领域，不同学科的学者在不同的层次上运用范式概念作为分析自身学科发展的工具。不同学科的范式类型也各不相同，而且随着学科的发展，范式的类型也不是一成不变的。在西方的社会科学方法论中，认识世界大致可以包含四个角度：实证的（positivist）、诠释的（interpretative）、建构的（constructionist）以及批判的（critical）。这种方法论的分类直接成了社会学范式的构建基础。美国社会学家瑞泽尔（Ritzer, G.）在《社会学：一门多重范式的科学》一书中，明确将社会学中各种流行的理论划分为三种基本的范式：社会事实范式、社会

---

① Kuhn, Thomas S.. 1970, The Structure of Scientific Revolution, Second Edition, Chicago: Chicago University Press: 35 - 43.
② 刘钢. 泛议库恩的"范式"概念[J]. 社会科学论坛, 2020(01): 23 - 29.

释义范式和社会行为范式①,并成为一段时间内社会学理论研究中一种重要的分类方法。中国学者周晓虹在此基础上补充了社会批判主义,与社会事实主义、社会释义主义、社会行为主义共同组成了社会学的四大范式,其建构基础是互为交织的两对理想类型:宏观-微观和自然主义-人文主义②。这种划分方式与马尔科姆(Malcolm Waters)以个体、整体为横轴,以客观、主观为纵轴,划分出功能主义、建构主义、功利主义和批判主义的分类标准异曲同工③。传播学研究范式的分类也受到了社会学这种范式划分依据的启示和影响。

第三节　传播学研究范式的要素结构

想要比较中西传播学的研究范式,需要一个标准体系。与社会学同气连枝的传播学的范式分类也沿袭了其按照方法论划分范式的传统。西方学者波特(Porter)、麦奎尔(Denis McQuail)等就以方法论为标准将传播研究范式划分为社会科学范式、诠释范式和批判分析范式三种类型④。中国学者陈卫星则依据理论形态与方法将传播学的基础学派分为经验—功能、控制论、结构主义方法论三个学派⑤。胡翼青依据理论及方法的不同将传播研究范式分为经验主义、技术主义、批判主义三种范式⑥。陈力丹在陈卫星、胡翼青的分类基础上斟酌用词,把传播学研究划分为经验-功能、技术控制论、结构主义符号-权力三种范式,并给出了简明的比较:经验-功能学派以实证主义为理论基础,研究核心是传播效果,研究方法是经验主义,研究

① Ritzer,G. 1975,Sociology:A Multiple Paradigm Science,Boston:Allyn and Bacon.
② 周晓虹.社会学理论的基本范式及整合的可能性[J].社会学研究,2002(05):33-45.
③ 马尔科姆·沃斯特.现代社会学理论[M].杨善华,李康,汪洪波,等,译.2版.北京:华夏出版社,2000:6-11.
④ 丹尼斯·麦奎尔.麦奎尔大众传播理论[M].徐佳,董璐,译.6版.北京:清华大学出版社,2006:50-58.
⑤ 陈卫星.传播的观念[M].北京:人民出版社,2004.
⑥ 胡翼青.论传播研究范式的表层结构与深层结构:兼论中国传播学30年来的得失[J].新闻与传播研究,2007(04):36-41+95.

视角聚焦于微观，研究立场较为保守；技术控制论学派以技术主义为理论基础，研究核心是传播技术与社会的关系，以文献和思辨为主要研究方法；结构主义符号-权力学派以批判哲学为理论基础，研究核心是传播与社会，研究方法主要是哲学思辨。后面两者的研究视角都偏向宏观，研究立场也相对激进①。

但是随着不同学派之间研究方法的相互学习，学者意识到不同范式之间具体理论形态与研究方法的差别正在缩小，将一种研究以理论形态和方法进行范式划分变得十分困难。胡翼青认为基于理论和方法的范式分类仅停留在范式的表层结构，范式的深层结构在于它使用理论与方法的目的和价值取向，在于它与主流话语权的关系。具体而言，他认为不同范式之间的主要价值取向可以从时间-空间维度与价值理性-工具理性两个维度去加以区分，他还根据研究对现有权力高度一致/不太一致/彻底批判的态度对实证主义、人本主义和批判主义进行了比较②。刘海龙虽然将大众传播理论分成客观经验主义、诠释经验主义及批判理论三个范式，但他也强调客观经验主义的工具理性与批判理论范式的价值理性之间的区别③。另外，陈力丹也提到了经验—功能学派通常把学术研究和政治利益、商业利益相结合的学术立场问题④。可见，想要真正认识一种范式，必须由浅入深，层层深入。

简单化的范式归类不仅会扭曲研究原本的真实面貌，而且会造成中西交流的效率低下。中国传播学研究目前无法完全归属到现有的任何一种范式之中，也尚未形成一个被学界所公认的独立的成熟范式。因此，相比争论传播学到底有几种范式以及中国传播学到底属于哪一种范式，明确不同范式之间差异的具体表现对剖析和认清中国传播学的研究范式更有价值。为了尽可能细致地对比中西传播学范式之间的差异，尽量全面地呈现出中国传播学范式的特点，本文总结了以往研究者的范式分类标准，提炼出研究方

① 陈力丹. 试论传播学方法论的三个学派[J]. 新闻与传播研究，2005(02)：40-47+96.
② 胡翼青. 论传播研究范式的表层结构与深层结构：兼论中国传播学30年来的得失[J]. 新闻与传播研究，2007(04)：36-41+95.
③ 刘海龙. 大众传播理论：范式与流派[M]. 北京：中国人民大学出版社，2008：80-90.
④ 陈力丹. 试论传播学方法论的三个学派[J]. 新闻与传播研究，2005(02)：40-47+96.

法、研究核心、研究视角、价值取向、学术立场五个由浅入深、由表及里的维度,搭建起理解传播学范式的框架。

第四节 中西方智能传播研究范式比较

一、研究方法比较

研究方法是5W模式中最直观且容易判断的分类标准,也是以往传播学者进行范式分类时最常用的参考标准。中国传播学界常将"经验研究"作为"批判研究"的对立面,但诠释研究在这种二元分类体系里显得比较尴尬,所以不少现行的传播理论教材转而采用实证、诠释和批判的三分法[①]。由于国内相关研究中大量缺乏明确研究方法的感想类文章根本无法作为判断依据,考虑到核心期刊对研究方法的考察相对严格且能够代表国内信息茧房研究的主流取向,因此笔者对发表在新闻与传媒领域核心期刊上的篇名含信息茧房的33篇中文论文的研究方法进行逐篇考察。除1篇文献综述之外,有5篇采用诠释主义路径,其中1篇采用深度访谈法,1篇采用扎根理论,3篇采用文献调研方法。只有2篇是采用问卷调查方法的实证研究,其余25篇均为无明显研究方法的思辨性研究。与此同时,笔者也抽取WOS核心数据库 Communication 研究方向中检索到的篇名含"echo chamber"的论文,并对其研究方法进行逐篇分析,35篇文献中,除1篇文献综述之外,只有1篇基于文献调研的思辨性论文。此外,1篇采用深度访谈法,2篇使用批判话语分析,3篇采用在线跟踪用户数据的方法,8篇采用社会网络分析法。其余19篇均采用实证研究方法,包括12篇问卷调查研究、2篇内容分析研究和5篇实验研究。显然,中国范式重思辨轻实证,而西方范式轻思辨重实证。可见,虽然20世纪70年代末从美国引进的功能主义一直以来被作为中国传播学研究的主流范式,但就研究方法来看,中国的功能主义与西方的经验-功能主义存在明显的差别(见表1-1)。正如刘海龙

---

① 丹尼斯·巴比.社会研究方法[M].邱泽奇,译.10版.北京:华夏出版社,2005.

在辨析作为理论框架和意识形态的功能主义时所言，相对于作为意识形态的功能主义在中国的传播学术知识生产中始终占据主导地位，我国在理论框架和研究规范上贯彻功能主义的严肃研究反而并不多①。

表 1-1　中西方有关信息茧房的核心文献研究方法对比

研究方法	中文核心文献		西方核心文献	
	篇　数	占比/％	篇　数	占比/％
文献综述	1	3.03	1	2.86
实证主义	2	6.06	19	57.58
诠释主义	5	15.16	1	2.86
批判主义	0	0	2	5.71
思辨	25	75.76	1	2.86
计算传播方法	0	0	11	31.43
总计	33	100	35	100

注：中文核心文献是指 CNKI 数据库中新闻与传媒领域的北大核心期刊上篇名含"信息茧房"的文章，英文核心文献是指 WOS 核心合集中 Communication 研究方向的篇名含"echo chamber"的文章，WOS 核心合集具体包括 SCI-EXPANDED、SSCI、A&HCI、CPCI-S、CPCI-SSH 中的文章。

二、研究核心比较

西方传播学对回音室效应的研究可以说一直聚焦于回音室效应的存在性问题，可细分为回音室效应的形成机制和外部影响因素②。国内的信息茧房研究也关注信息茧房的成因，但与西方相比，国内学者更多地把信息茧房的负面效应及其解决对策作为研究核心，文章多以"破局""消解""破茧路径""矫治""突围"等词为主题。无论采用经验主义还是诠释主义的方法，无论是探究成因还是分析影响，每一篇文章似乎都把寻找信息茧房的应对之策作为研究的终极目标。虽然从研究方法上来看实证研究稀少，但对信息茧房的影响和对策的强烈关注证明了我国传播学深受美国功能主义和实用

---

① 刘海龙.中国传播研究中的两种功能主义[J].新闻大学，2012(02)：10-14+4.
② 丹尼斯·坎西安.功能分析[M].苏国勋，刘小枫，译.上海：上海三联书店，2005：96.

主义的影响。相反,国外几乎没有把回音室效应的解决对策作为核心问题的研究,更多的是以学者们对回音室效应的担忧为研究背景并对所谓的威胁提出质疑,进而将研究重点集中在信息茧房形成机制和影响因素的分析上。西方对回音室效应的存在性的反复求证本质上是近代西方哲学怀疑精神的体现,也是实证主义"大胆假设,小心求证"的影响结果。中国学者则是把假说当作理论,不加反思地预设了信息茧房的存在性及其对社会的消极影响,这说明中西方的功能主义研究并不相同。坎西安(Dennis Canxian)将功能主义分成传统功能主义和形式功能主义。传统功能主义以社会模式为起点,向后考察它对社会系统的效用。而形式功能主义模式下,现象由它们的原因而非结果加以解释①。如果从研究核心上来看,中国范式似乎更偏向于传统功能主义,而西方则更靠近形式功能主义。

三、研究视角比较

研究视角其实是研究方法的深层思维模式,着眼于微观个体的传播问题,自然会选择以个人经验为基础的实证主义方法,着眼于宏观整体的传播现象自然因为无法通过经验数据或者实验方法进行求证,转而求助于诠释主义或哲学思辨方法。西方研究以实证主义研究方法为主,显然微观取向更加突出。研究视角的偏向常常使中国的研究看似不如西方深入,中西方传播学者对信息茧房的归因大体都集中在个体心理、网络结构、算法类型等方面,但是西方研究的微观取向会引导学者进一步细化每一个原因的适应情景。如国内学者认为信息茧房的成因之一是个人的选择性心理,即止于此。而西方的研究则会继续验证在不同兴趣取向的群体之间、不同意识形态的党派之间、不同类型内容的消费群体之间选择相同观点并回避相反观点的程度是否存在区别,通过不断地分解和切割进入更加微观的层面。从国内对信息茧房的研究多思辨少经验,也可推知中国学者的研究视角偏宏观。按照陈力丹的范式分类方法,技术控制论和结构主义符号-权力两种范式的研究视角都偏向宏观,其中结构主义符号-权利学派的宏观视角主要体

---

① 马克斯·韦伯.社会学的基本概念[M].胡景北,译.上海:上海人民出版社,2000:33.

现在它将传播和传媒置于历史、社会、文化的宏大背景下研究，关注各种隐性力量如何操纵传播；技术控制论的宏观视角则体现在它把传播看作社会的神经系统，关注传媒形态的变化发展如何影响社会和人。中国有关信息茧房的研究几乎没有关注到意识形态、经济、文化等问题，显然不同于结构主义符号-权利学派。就中国学者对信息茧房负面效应的关注和对算法技术的反复追责而言，中国范式的所谓的"宏观"更接近于技术控制论学派整体上把握技术与人的关系的"宏观"。

四、价值取向比较

价值理性和工具理性的概念是由马克斯·韦伯（Max Weber）提出来的，二者为人的理性的不可分割的重要方面[①]。工具理性是通过精确计算功利的方法最有效达到目的的理性，是一种以工具崇拜和技术主义为生存目标的价值观。价值理性则是以主体的人为中心而不是以客体为中心的理性。它关注世界对于人的意义，客体对于主体的意义，执着于人的幸福。首先，中国学者重信息茧房轻回音室效应的研究取向暗示了我国传播学研究的价值理性的取向。信息茧房本身就隐含"束缚主体"的消极色彩，而且在国内信息茧房的研究中，信息茧房的负面效应是否会危及人或社会的发展远远比信息茧房是否存在重要得多。换句话说，从中国范式的价值取向看来，技术向善远远比技术向优更重要。其次，中国学者对信息茧房的研究是以它与人的关系为坐标的，所以自然呈现出价值理性的色彩。正如由于意识到信息茧房对个人视野窄化、群体极化、社会黏性丧失的潜在推动作用，中国学者对它持强烈的批判态度。而西方学者更倾向于分别考虑技术本身的运作逻辑或人自身选择性心理的作用机制，因此能够保持对回音室效应的中立态度，且大多实证研究得出了"回音室效应被夸大了"的结论[②]。表面上西方的实证研究也兼顾了对技术和人的双重思考，看似是具有价值理性的。但是从本质上来看，技术向善发展的本质应当是技术向人善，如果不

---

① 马克斯·韦伯. 社会学的基本概念[M]. 胡景北，译. 上海：上海人民出版社，2000.

② Dubois, E. Blank, G. (2018). The echo chamber is overstated：the moderating effect of political interest and diverse media. Information Communication & Society 21, 729 - 745.

以人为坐标,就无法定义技术向善的善,价值理性也就成了空中楼阁。就反对技术仅与客观现象相联系的观点而言,中国式的研究与批判主义有相似之处,两者都能够有反思地使用技术。但不同之处在于,批判主义过分强调技术与其他客体之间的联系,完全忽略了主体人的主体性和能动性。

五、学术立场比较

学术立场的判断一是看研究目的和服务对象,二是看研究对现有权力的态度。中国传播学的服务对象不难判断,对策是为谁提的,自然服务的对象就是谁。中国学者提出的消除信息茧房负面效应的对策主要包括用户提高自身媒介素养、媒体提高内容质量和公共精神、平台优化算法机制三条路径。西方破除信息茧房的研究主要分为两类:一类是改进算法推荐系统,另一类是提高用户对信息茧房的意识。但西方发挥用户主动性的主张还落在了技术的改进上,如提高推荐机制透明度、增加帮助用户识别信息过滤机制的工具等。西方回音室效应研究集中在政治传播领域,而解决措施大多针对平台方,可见以功能主义为主的西方研究依然保持着把学术研究和政治利益、商业利益相结合的学术立场。相比之下,服务对象覆盖全面的中国范式的学术立场似乎不太明确,但是回溯信息茧房这一研究转向开启的渊源就能够非常明确地看出我国传播学研究的学术立场。2017 年 9 月人民网发布三批算法之后,关于信息茧房的文献数量剧增,2018 年就有 214 篇,约是 2017 年(73 篇)的 3 倍①。正如胡翼青所说,"我国研究者几乎完全没有自身的学术立场,学术与权力、与商业的合谋,似乎还甚于西方的实证主义范式。"②尽管有研究试图将中国传统的思辨研究纳入西方的批判范式中,但就学术立场来看,中国范式还是与功能主义的关系更为深厚,两者同样是与现有权力高度一致的保守主义。略有不同的是,西方范式更多是为商业权力辩护,中国范式则更偏向服务于政治权力。对信息茧房的归因也暗

---

① 丁汉青,武沛颖."信息茧房"学术场域偏倚的合理性考察[J].新闻与传播研究,2020,27(07):21-33+126.
② 胡翼青.论传播研究范式的表层结构与深层结构[J].新闻与传播研究,2007,(14):36-41+95.

示了这一微妙的差别,西方聚焦于受众和内容研究,如受众的政治倾向、媒介组合、新闻兴趣、内容的政治色彩和情感程度等因素都是西方学者的研究重点。中国学者则十分强调推荐算法的信息专制、媒体的把关不当和网络平台的无序竞争这些挑战商业权力的因素。中西传播学范式对比如表1-2所示。

表1-2　中西传播学范式对比

辨析要素	中　　国	西　　方
研究方法	逻辑思辨为主	实证主义为主
研究核心	成因、影响、对策	作用机制、影响因素
研究视角	宏观	微观
价值理念	价值理性,主体中心	工具理性,客体中心
学术立场	政治权力的保守主义偏向	商业权力的保守主义偏向

第五节　传播学研究的"和合范式"

需要明确的是,尚不成熟的范式并不意味着一无是处,带有某种范式色彩的研究并不意味着就比这种范式本身低一等,而新的范式也不一定从更成熟的范式中产生。从上述比较中不难发现,中国范式更像是多元范式的拼图,拥有功能主义的行政色彩、批判主义的思辨色彩、技术主义的整合色彩,但却因坚持宏观视角而无法成为完全的功能主义,因对政治权力的偏向而无法成为真正的批判主义,因强调主体的能动性而无法成为纯粹的技术主义。这样的中国范式既可以被看作一种撕裂,也可以被看作一种新的组合。我们或许可以称为"和合范式"①,即将宏观-功能主义、理性-批判主义

---

① 和合学是由中国当代著名哲学家张立文先生开创的哲学理论形态。和合连起来讲,指在承认不同事物之矛盾、差异的前提下,把彼此不同的事物统一于一个相互依存的和合体中,并在不同事物和合的过程中,吸取各个事物的长而克其短,使之达到最佳组合,由此促进新事物的产生,推动事物的发展。

和人文-技术主义取其长而克其短的本土化范式和合共生而成一种新的范式。

一、宏观-功能主义

中国传播学深受美国功能主义范式的影响,尤其体现在浓厚的行政研究取向上,但是美国功能主义的实证研究方法一直未能在中国传播学领域占据主导地位。通过信息茧房研究视角的中西方比较发现,中国范式倾向于采用宏观视角,而实证主义的研究方法建立在微观视角的基础上,这也就解释了为何功能主义在中国出现了"表里不一"的情况,经验-功能主义变成了思辨-功能主义,微观-功能主义变成了宏观-功能主义。学者张祥平对中西方文化进行比较后指出,中华文化是整合型思维,遵循从综合到具体,从整体到部分,从宏观到微观的考察顺序;而西方是分异型思维,习惯于从局部到整体的思考方式①。实证研究中的量化统计所测量到的事实只是事实的一个方面或被简化了的碎片化的事实,而中国的整合型思维从根本上与这种以局部代整体的逻辑南辕北辙。另外,中国范式中的功能主义色彩很可能是被激发出来的中国传统思维模式中固有的"经世致用"理念,而非绝对的"天外来物"。因为即便学术研究受到政治权力和商业利益的影响,中国范式也始终坚持价值理性,坚持以人为中心而非以其他客体为中心的价值取向,从未陷入对手段和工具盲目崇拜的工具理性的陷阱。正如学者吴予敏所说,"中国传播研究与其说深受功能主义影响,倒不如说目前还没有真正经历过功能主义的洗礼,而是直接将功利主义观念与中国式的社群主义和集权主义结合。"②宏观视角虽然限制了中国范式在实证方法上走向功能主义,但也避免了中国传播学研究陷入盲目的客体崇拜。

二、理性-批判主义

正如韦伯所说:"从目的理性的立场出发,价值理性总是非理性的,而

---

① 张祥平. 美好的中国人:中西文化互补,造福人类[M]. 北京:华夏出版社,1995:18.
② 吴予敏. 功能主义及其对传播研究的影响之审思[J]. 新闻大学,2012(02):22-26.

且，价值理性越是把当作行为指南的价值提升到绝对的高度，它就越是非理性的，因为价值理性越是无条件地考虑行为的固有价值，它就越不顾及行为的后果。"批判主义研究的最大特色之一就是对纯粹的价值理性的追求，也正因为如此，批判学派无法提出解决问题的办法，只能停留在批判本身。虽然中国范式在价值取向上与批判主义一样坚持价值理性倾向，但由于对现实目的和实用功能的追求稀释了价值理性的纯粹性，显示出一种相对理性的批判精神。这种理性批判的实现是基于中国范式对主体人的关注，因为时刻反思媒介技术对人与社会的影响，使得它在价值观念上逐渐远离沉醉于工具本身的功能主义，显示出更多的批判色彩。之所以说这种批判主义是理性的，是因为它的批判态度并不是绝对激进的，不是对社会权力结构、意识形态的彻底的绝望的批判，而是带着希望在批判中寻找能够发挥人的主动性的突破口。尽管中国学者们批判信息茧房，却从未忘记提出消解其负面效应的对策。就研究方法而言，目前中国式的思辨与批判主义严谨的哲学思辨相比还有一段距离。与批判学派相似的是我们切入问题的某些视角，实际上我们的研究没有批判学派的思辨能力和理论色彩[1]。这也是为什么中国学者即便早早地关注到推荐算法的信息专制和网络平台的资本竞争，却没能从传播政治经济学的视角深入下去，转而走向了研究规范明确的实证研究。

三、人文-技术主义

与技术主义相比，中国范式与功能主义和批判主义的比较似乎更为常见。研究立场的限制使得中国不可能走向完全的批判主义，而宏观视角的研究取向也使得功能主义无法在中国真正扎根，或许技术主义才是离中国传播学最近的一种研究范式。或者说，技术主义是最有可能被中国传播学真正接受并成功改造的一种研究范式。中国学者对信息茧房的研究一开始就自然地选择媒介研究作为研究重点，反复探讨算法技术对信息茧房的影

---

[1] 朱鸿军，苗伟山，孙萍. 学科建制下的规范化：新中国新闻与传播学方法研究 70 年（1949—2019）[J]. 新闻与传播研究，2019，26(10)：21-35+126-127.

响,暗示了中国范式与技术主义范式的距离并不远。此外,胡翼青提到不同范式之间的主要价值取向也可以时间-空间维度加以区分,即研究的视角是更侧重于从当代的静态结构入手,还是侧重于从历史的动态发展入手。中国范式与技术主义范式的一大区别就在于技术主义范式是以历史维度为导向的,而它的本质其实是以时空整合作为逻辑基础,在宏观研究视角下将媒介与人和社会发展的关系作为研究核心的研究范式。可见,技术主义根本上与有着整合型思维传统的中国文化是相通的。这也是说技术主义最有可能被中国传播学真正接受的原因。而另外一个区别在于中国范式是以人为坐标看待技术,而技术主义是以技术为坐标看待人。这一点正是中国范式可能成功改造技术主义之处,因为夸大技术对社会发展的决定作用本身就是技术主义的一大缺点。尤其是在技术主义越来越显示出生命力和活力的信息时代,中国传播学如果开放心态接受技术主义并加以改造,很可能成功塑造出成熟的中国范式——一种"以人为本"的新技术主义。

第六节　中国传播学研究的价值展望

以往学者会将中国传播学当前的范式总结为"先天不足,后天畸形"。但是,面对长期以来"缩小差距"收效甚微的现实,中国学者是时候该重新审视和思考以往对中国传播学的一味批评了。在中国范式与所谓成熟的西方范式的对比中可以发现,出于多种原因,中国范式无法真正成为任何一种西方范式,但也因此规避了其他范式的某些固有缺陷。的确,没有一种范式是十全十美的,它只是为我们看待传播提供一种不同的角度。客观的比较应当以减少偏见和同级通例为前提,把中国范式的劣势与西方范式的优势相比,对中国范式的优势视而不见,反而会让中国传播学陷入自我矮化的困境。因此,充分挖掘信息茧房研究中初步成型的"和合范式"在智媒时代的独特价值,不仅有助于明确发展、健全这一范式本身的着力点,还能坚定中国学者保持学术自觉,积极开展本土化创新研究的信心。

一、计算科学与中国传播学范式的"整合思维"

中国传播学范式"重思辨轻实证"的方法取向表面上是对计量方法的抗拒或排斥，深层的原因其实是中西方传播学研究视角与思维传统的不相容和。将这种复杂的文化基因带来的障碍简单归结于学者对理论的不求甚解和对研究方法的囫囵吞枣是武断的，对中国学者来说也是不公平的。思辨方法本身没有问题，思辨反而具有超越眼前现实的力量。实证研究也无法推翻思辨研究，因为小的点不能推翻大的面①。智媒时代，大数据环境下迅速发展的计算传播学也终于向实证研究发起了有力地挑战，如 Terren L. 和 Borge R. 对西方社交媒体回音室效应研究的文献梳理发现，回音室效应研究证据确凿的文章都是基于数字追踪数据，而那些没有发现证据的研究都是基于用户自我报告的数据②。以往由于观察方法的限制，社会科学直接移植自然科学的研究逻辑，但是人不同于自然界的物，人具有复杂的思维和情感，一旦把物理学的研究方法用于与人的思维和情感相关的事物，就把复杂的东西不可避免地简单化了。基于抽样方法的计量科学走向大样本甚至全样本的计算科学不仅是方法的变革，更意味着"什么是科学"这一学科根本问题的重新思考，证据代替实验，归纳代替演绎，社会科学将进入"准科学时代"③。显然，这正是中国整合型思维的用武之地。中国范式的"思辨"本质上就是整合型思维指导下的一种基于现实观察的归纳总结，但是因为难以提供譬如量化数据之类的直观证据而不被认证为"科学"。而同样强调从观察出发总结模式和规律，基于归纳推理逻辑的计算传播学恰恰能为"中国式思辨"补充研究规范的合法性，中国传播学的整合型思维也能为计算传播学提供研究逻辑上的支持。

---

① 晏齐宏. 技术控制担忧之争议及其价值冲突：算法新闻推荐与信息茧房关系的多元群体再阐释[J]. 现代传播（中国传媒大学学报），2020，42(03)：59 - 65.

② Terren, L. Borge, R. (2021). Echo Chambers on Social Media: A Systematic Review of the Literature. Review of Communication Research，99 - 118.

③ "准科学"方法最杰出的范例之一就是进化论，从头到尾以证据而不是以实验为根据。"证据"不像"实验"那样可以使人"眼见为实"，但也不像"思辨"那样"空口无凭"，准科学方法被广泛应用于难以进行试验的领域。（参见张祥平《美好的中国人——中西文化互补，造福人类》第 34 页）。

二、新新媒介与中国传播学范式的"以人为本"

功能主义、批判主义、技术主义的共同特点之一是重客体轻主体。这在批判主义和技术主义的观点中最为明显，而功能主义比较隐蔽，它是将主体客体化，把复杂的人类社会与由自然规律驱动的物质世界等同。中国传播学范式却始终坚持"以人为本"，以人为坐标去看待其他客体。而这种"以人为本"的核心思想在智媒时代重构传播秩序的过程中将会显示出越来越重要的标尺作用和定位价值。新新媒介的出现，即是为真实世界在线上划出了一个空间。无论是 Facebook 基于熟人关系的社交，还是 Wikipedia 协同编制的百科全书，这些新新媒介都不是独立于真实世界的，而是延伸并拓展了真实世界的范围和边界①。同时，它正在建构人类新的存在方式和存在的意义，甚至已经创造了一整套与之相匹配的制度与文化，从而与人类的日常生活紧密地相互套嵌，甚至变成人的观念和思维方式的一部分，与人融为一体。如果说人是社会关系的总和，在媒介已经成为人与人甚至人与物之间关系载体的今天，人似乎已经变成传播关系的总和。如果依旧在重客体轻主体的研究思维下看待新的传播现象，诸如"人的异化""数字劳工""数字难民""网络伦理困境"等一系列新媒体环境带来的问题都会成为人类面对技术进步时理所应当要接受的后果，正如工业革命带来的环境污染问题。而"以人为本"的信念能够在千变万化的传播关系中为协调虚拟与现实关系、整合网络社会与现实社会提供坚定不移的价值准则和指导思想②。而且随着在对立中看待主客体的功能主义研究路径越来越不适用于全新的媒介环境，强调在主客联系中协调主客关系的中国传播学范式更可能在智媒时代为人类探索出一条虚实和谐之路。

三、平台霸权与中国传播学范式的"批判基因"

平台霸权是指以拥有超大规模用户群体和共享型垄断的平台企业为主

①　保罗莱文森.新新媒介[M].何道宽,译.2版.上海：复旦大学出版社,2016.
②　陈昌凤.传播关系千变万化,人是不变的主体[J].全球传媒学刊,2021,8(01)：1-2.

体,旨在最大化范围内追求平台垄断权益的支配权与控制权,进而形成的新型霸权体系①。平台经济对平台霸权的孕育离不开媒体平台对舆论生态的建构,而中美作为全球唯一拥有亿级用户平台的两个大国,平台霸权问题的研究也必将是智媒时代中西方传播学研究中不容忽视的一个重要领域。平台霸权与国家霸权的主体不同,目标也不尽一致,平台霸权的主体是逐利的,对意识形态一致性的内在要求没有国家霸权那么高。批判学派的重要分支传播政治经济学正是以关注传播作为一种经济力量对社会的影响为核心,特别是关注媒介私有权对大众传播生产的影响以及由此给公共利益、社会民主造成的消极后果,可以预见传播政治经济学将在平台霸权研究中大展身手。恰巧的是,中国学者在信息茧房研究中对算法专制和平台竞争的关注也透露出中国传播学向传播政治经济学靠拢的可能性。而且两者在其宏观的研究方法、批判的价值取向和对现实的关注上也都如出一辙。在信息茧房研究中,中国学者早早就意识到媒体平台为抢夺用户流量竞相推出精准推送的无序竞争奠定了信息茧房的基调,西方学者却在功能主义研究路径的束缚下完全忽视了这一极具批判主义色彩的原因。因此,如果基于学术立场,中国传播学的批判基因一直无法找到适合的成长空间,或许平台企业日益强大、平台霸权愈发凸显的今日之中国,将为中国学者心中的"卫道士"理想提供一方天地。

不同范式的不可通约性恰恰说明了每一种范式都有其存在的必要性,多种范式在不同层面的思考能让我们对传播的认知和思考不总是停留在简单的肯定或否定上。值得注意的是,新的范式不一定是从旧的范式中产生的,完善中国范式不等于单纯地向西方看齐。如果实证主义为了迎合批判主义的批评而舍弃了定量研究方法转而追求宏观研究,实证主义将不复存在。为了向西方看齐而丧失了自我的研究精神,岂不是舍本逐末?不应当固步自封,但也不应当妄自菲薄。中国传播学应当学习西方丰富的理论体系和规范的研究方法,但更重要的是,不应因为与西方的比较而扼杀在中国

---

① 周笑. 从平台经济的视角解析数据霸权与平台霸权[J]. 全球传媒学刊,2021,8(04): 19-34.

的土壤中培育出一株中国传播学之花的可能性,转而硬要在中国的土壤中埋下一颗西方传播学的种子,还对着最后开出的"四不像"批评中国的土壤。智媒时代给中国传播学带来了与西方传播学真正平等对话的历史机遇,很可能成为中国传播学化被动为主动的一个关键阶段。因此,重新审视中国传播学的范式取向对我们如何评价目前中国传播学研究的种种取向,以及将来如何构建和预测中国传播学的范式走向都有着不容忽视的启示价值。

第二章

智能媒体的技术逻辑变革

近年来，元宇宙的概念引发了人们的热烈讨论。2021 年 10 月，Facebook 的创始人扎克伯格正式宣布 Facebook 改名为 Meta，并且发布声明将在元宇宙业务上投入约 1 000 亿美元，拉开了进军元宇宙的大幕。2021 年 11 月，微软宣布将旗下的远程办公与协作平台 Microsoft Teams 作为切入点试水元宇宙。国内科技与互联网巨头也纷纷入局元宇宙。2021 年 10 月 15 日，中国首家移动通信联合会元宇宙产业委员会成立，目的是促进元宇宙产业在中国的稳定发展。2019 年 5 月，腾讯发布声明与全球首家元宇宙概念游戏公司 Roblox 合作。2021 年 4 月，字节跳动以投资为起点开展元宇宙业务，选中并投资了元宇宙概念公司、游戏开发商代码乾坤，投资数额高达 1 亿元。元宇宙技术生态在科技巨头和行业的推动下发展迅速，目睹了这些变化的媒体和产业行家都将 2021 年称为"元宇宙元年"，认为接下来元宇宙将带来各个行业的革新和巨变。目前元宇宙技术主要应用于游戏、教育行业，且渐渐渗透到传媒和广电领域。2021 年 11 月 3 日，湖南广播影视集团有限公司董事长张华立表示，湖南广电将创建芒果"元宇宙"平台，争做广电行业元宇宙变革的领头羊。

在智能媒体时代，技术创新不仅改变了传播的方式和形态，更从根本上重构了传播的技术逻辑。从 5G 到元宇宙，从人工智能到虚拟现实，新一代信息技术的迅速演进正在深刻影响和改变着媒体行业的发展格局。理解和把握这种技术逻辑的变革，对于预见和引领智能传播的未来发展具有重要意义。

本章将重点探讨智能媒体技术变革的内在逻辑。首先，从技术的叠加和融合角度，分析 5G、元宇宙等新技术如何相互支撑、相互促进，共同构建起智能传播的技术基础。其次，通过考察技术的演化路径，揭示智能媒体发展的规律和趋势。特别是以广电媒体为例，深入分析新技术在媒体转型升级中的应用和影响。

值得注意的是，技术的发展既带来机遇也伴随挑战。一方面，新技术为媒体创新提供了无限可能，能够极大提升传播效果和用户体验；另一方面，技术应用也面临着伦理风险、数据安全、用户隐私等多重挑战。如何在把握机遇的同时有效应对挑战，成为智能媒体发展必须面对的重要课题。

第一节　智能媒体技术的叠加和融合

元宇宙（Metaverse）的概念最早出现在 1992 年美国科幻小说《雪崩》中，小说中人类不仅存活在现实世界，还以数字身份生活在虚拟空间。Metaverse 一词可被拆分为 Meta 和 Verse，Meta 指超越，verse 指宇宙（universe），两个词放在一起指"超越宇宙"，又称"元宇宙"，即一个由人类构建的、在现实世界之外运行的虚拟数字空间。2018 年，科幻电影《头号玩家》再一次向人们诠释了元宇宙的概念和形态。在电影中，人们佩戴头盔就可以生成"虚拟分身"进入虚拟世界并操控其在虚拟世界的一系列行动。随着元宇宙相关技术的不断进步，人们的生活方式渐渐从线下转到线上，进行线上购物、聊天、办公等活动，互联网的使用时间大大增加，元宇宙概念再次成为人们关注的焦点，引发了学界的重视和探讨。

2021 年 9 月，清华大学新媒体研究中心沈阳教授带领他的团队系统研究并发表了国内首份关于元宇宙产业发展的报告《2020—2021 年元宇宙发展研究报告》，报告称元宇宙既是概念，也是技术。一方面，元宇宙作为一个尚在发展的概念，其本质包含了五大元素：虚实融合、以用户生产为主体、具身互动、统一身份、经济系统。虚实融合指元宇宙虚拟世界的创建虽然是对现实世界的模拟，但最后超脱且不限于现实世界，它通过自我创造拥有了现实世界所不具备的特性，最后对现实世界有一定的影响；以用户生产为主体指元宇宙是主要由不同行业的建设者共同构建的，极致开放、自由的且持久发展的虚拟世界；具身互动和统一身份指元宇宙中人以唯一的、具体的虚拟身份和数字形象参与其中；经济系统指元宇宙拥有同现实世界一般完整运行的社会和经济系统[①]；另一方面，元宇宙是一个以混合现实技术、区块

---

① 　王儒西，向安玲：《2020—2021 年元宇宙发展研究报告》，清华大学新媒体研究中心。

链、云计算、物联网与人工智能等技术为基底的超大型数字技术生态。不少专家和学者预测，未来互联网将进入元宇宙时代，元宇宙将为互联网掀开全新的篇章。Facebook 的创始人扎克伯格认为元空间是移动互联网的下一个阶段；2020 年，腾讯的创始人马化腾也首次提出与元宇宙类似的"全真互联网"的概念，意味着未来中国的互联网即将全面地、真实地与现实结合，实现线上线下的一体化。

笔者将梳理元宇宙的技术叠加和升级逻辑来展现元宇宙的技术生态，从而为下文从各个技术角度分析广电媒体的技术演进及新方向进行铺垫（见图 2－1）。

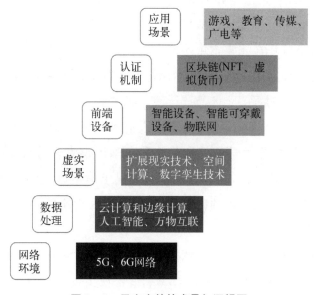

图 2－1　元宇宙的技术叠加逻辑图

在网络环境方面，主要依靠 5G、6G 技术，解决元宇宙最核心的虚拟世界和现实世界的连接问题。第五代移动通信技术(5th-Generation，5G)不但是一种重要的移动通信技术，更是一切智能技术发展的根本。2019 年 6 月 6 日，中国工业和信息化部颁发 5G 准许从事生产经营活动的凭证，意味着中国正式迈入 5G 大规模商业应用的时代。5G 具有速度快、可靠性高、网络延迟低、网络连接多且信号强等特征，是元宇宙中各个新技术稳定且迅速发展的网络基础。2021 年 12 月 30 日,上海市经济和信息化委员会印发《上海市电子信息产业发展"十四五"规划》,明确表示未来上海市将以提高基础技术发展和研发能力为重点,关注尖端科技领域。其中尖端科技领域包括 6G 通信、元宇宙等前沿技术。学者彭波和钟祥铭指出,以 5G 商用为标志,中国已进入以"A、B、C、D、E+5G"为特征的数字科技时代[①]。未来 6G 沉浸化、智慧化、全域化的特点将使各个新的技术深度融合,充分释放元宇宙的潜力,使元宇宙的技术体系实现质的进步和改变。

在数据处理方面,元宇宙技术生态主要依靠人工智能、物联网、云计算和边缘计算技术。一方面,人工智能技术帮助人们在元宇宙的数字世界中生成根据自己的个人特质和喜好打造的虚拟世界的 3D 形象。2021 年 10 月,科大讯飞发布了研发的虚拟数字人交互平台 1.0,用户自主创建虚拟人物后,通过数字分身在元宇宙中生活、学习和工作,完成一些现实中难以实现的事情,具有独特的优势,比如不用担心参加演唱会和偶像互动时拥挤,2020 年 4 月,美国歌手 Travis Scott 使用扩展现实技术,在游戏世界《堡垒之夜》中开设了一场虚拟演唱会;再如人们可以随时出现在任何想去的地方,2020 年,美国加州大学伯克利分校和中国传媒大学等都举办了线上毕业典礼,创新了毕业形式,在一定程度上完成了学生参加毕业典礼的心愿;另一方面,云计算为元宇宙的庞大的数据沉淀、收集挖掘及处理计算提供了强大的技术支持。

在虚实场景构建方面,主要依靠扩展现实技术(extended reality,XR),包括虚拟现实技术(virtual reality,VR)、混合现实技术(mixed reality,MR)和增强现实技术(augmented reality,AR)打造元宇宙的虚拟数字空间。依托扩展现实技术,以沉浸感、交互性和想象性为三大特点,学者刘革平等人认为元宇宙是视觉沉浸技术的第四个阶段[②]。

前端设备方面,智能设备(手机、电脑等)和智能可穿戴设备(AR 眼镜、

---

① 彭波,钟祥铭.互联网下半场：5G 时代公共舆论场的挑战与治理[J].新媒体与社会,2020(02)：3-16.

② 刘革平,王星,高楠,等.从虚拟现实到元宇宙：在线教育的新方向[J].现代远程教育研究,2021,33(06)：12-22.

体感设备等)不但是元宇宙中连接现实世界和虚拟空间的桥梁,而且直接影响了元宇宙中人机交互的体验。随着技术的进步,元宇宙的入口将不仅仅是 VR、AR 等穿戴设备,还包括体感传感器、脑机接口将人脑信息与虚拟空间连接起来,而这些都是物联网的范畴,传感器所连接的系统、通信、传输、感知甚至计算都可以看作是物联网的组成部分。可以说 5G 技术的普及让人们从物联网走向万物互联,人们随时随地沉浸在虚拟生活的愿望变得更加容易实现,并且 5G 的稳定性让人们可以享受到可与现实比拟的强沉浸感。

认证机制方面,通过区块链(包括 NFT 和虚拟货币)在元宇宙中搭建经济体系,支持数字商品交换和虚拟商务。区块链技术是数据储存和保证数据安全的最新的工具,它将数据"化整为零"后分别保存在全世界不同的电脑上,并使用加密技术将这些数据捆绑在一起,如此一来,盗窃完整数据的难度大大增加。区块链技术出现于 2010 年,比特币和以太坊(Ethereum)都属于区块链中的关键技术①。由于区块链具有一致性、不可篡改性的特点,依靠数字签名技术和智能合约,能够保证数字资产版权和数字资产交易的安全性。2021 年 12 月 24 日,新华社免费发布了由区块链技术保护的中国首套新闻数字藏品,这是新闻业与元宇宙的一次碰撞,同时也掀起了国内发行数字藏品的热潮,腾讯、阿里、网易等互联网巨头纷纷开始推出数字藏品项目。

第二节　智能媒体技术的演化路径

由于元宇宙是智能数字化技术的集合,本节将依次从物联网、人工智能、扩展现实技术分别阐述这些技术和广电媒体相结合后的新变化和未来方向,最后综合归纳出未来元宇宙技术场域中广电媒体的新图景。

(一)无人机新闻的普及

无人机是物联网中的一部分,在未来的元宇宙中,无人机自主进行新闻

① 邓建国.新闻=真相? 区块链技术与新闻业的未来[J].新闻记者,2018(05):83-90.

报道将成为主流,进一步提升新闻报道生产的效率。早在 2011 年美国就在新闻领域将无人机作为广电行业的手段使用,根据不同的需求使用无人机采集新闻素材很快成为美国新闻行业的一种常态。2011 年,美国内布拉斯加大学林肯分校建立了世界上首家专门研究无人机新闻的实验室并开设了这方面的课程;2012 年,美国密苏里大学使用无人机制作了中西部干旱等新闻报道,其收视率大幅度提升①。2016 年 8 月 18 日,美国有线电视新闻网宣布成立无人机采访部,开创了新闻采访的先河。不同于传统的新闻报道,无人机新闻在一定程度上代替记者深入现场,提高了新闻的获取速度,降低了记者在新闻一线的危险性,并且无人机可高可低、可近可远的灵活视角拓宽了新闻的广度,提高了新闻的趣味性。根据投中研究院发表的《民用无人机行业研究报告》,国内使用无人机进行新闻报道集中出现在 2012 年前后,并且 2013 年出现了简单易用且价格低廉的大疆精灵系列无人机,普通用户也开始使用无人机进行航拍②。2015 年 6 月 15 日,原新华社社长蔡名照宣布新华网新闻无人机队正式成立。这是中国首支无人机新闻播报队伍,它极大拓宽了中国网络新闻报道的视野。2017 年 8 月 10 日,沈阳广电创办的全国首个航拍栏目《航拍瞰天下》在公共频道推出,通过无人机俯视事物的全貌,给人们带来全新的视觉体验。

　　未来人工智能是颠覆无人机新闻的关键,无人机新闻将更加智能,从"看得见"到"看得懂"迈进。之前无人机的作用还停留在从空中进入现场,第一时间拍摄清晰的画面,帮助人们了解新闻事件,未来无人机可以通过深度学习、图像处理等技术,由机器自己根据判断选择拍摄的画面和报道的新闻内容,减少人们的负担和工作压力,人们只需要在其中担任把关人的角色。DCCI 互联网研究院院长刘兴亮将元宇宙划分成三个阶段:弱元宇宙、强元宇宙、超元宇宙。他认为在强元宇宙阶段,无人驾驶高度发展,脑机接口机器人技术相当成熟。据此可以推断,在强元宇宙阶段,无人机自主进行新闻报道的最高目标也可以实现,无人机新闻将为元宇宙世界注入更多的文化精神。

---

① 刘禹彤.无人机新闻发展历程及应用现状研究[J].传媒,2019(11):56-57.
② 吴林.媒介融合背景下的"无人机＋新闻":以 SMG 航拍新闻实践为观照[J].当代电视,2017(09):61-62.

（二）人工智能主播和虚拟偶像的流行

依靠大数据、扩展现实技术、人机交互等人工智能技术，人工智能主播和虚拟偶像将在元宇宙世界成为常态，人们甚至能按照自己的偏好和特点构建媲美人工智能主播和虚拟偶像的形象。人工智能主播是虚拟智媒产品，它们在广播、电视、互联网等媒介中负责主持与播送新闻报道，经历了电视主持人、视频网站的虚拟主播、AI 合成主播等一系列的迭代过程。2000年，英国最早在网络视频节目中推出虚拟主持人"阿娜诺娃"，她代替真人主播播报新闻，几乎很少犯错，而且也不需要休息时间，受到了电视台的欢迎；2016 年，日本公司在 YouTube 网站推出动漫虚拟主播"绊爱"（KizunaAI），其受欢迎程度之高使得"虚拟主播"群体 Virtual YouTuber 涌现；2018 年，新华社推出了全球首个 AI 合成主播，把中央电视台主持人邱浩的音容笑貌、播报材料等作为原始数据，借助人工智能技术打造的"新小浩"不仅可以播报新闻，而且能根据观众的反馈与观众简单互动，具有一定人际交往能力①。2019 年 5 月 25 日，人民日报社推出了首款人工智能虚拟主播，实现了多语言的新闻自动播报；中央电视台推出的虚拟主播"康晓辉""小小撒""朱小迅"等，以独特的魅力和形象丰富了新闻报道的样态和形式。目前，我国中央媒体的人工智能主播应用起着带头作用，这一点可从国家政策上初见端倪。2021 年 10 月 20 日，国家广电总局发布了《广播电视和网络视听"十四五"科技发展规划》，表示要提高电视台在新闻播报等节目中使用虚拟主播等技术的频率，提高节目制作的效率，提升节目内容和形式表达方面的创意。之后地方媒体跟随中央媒体的步伐，加大了在人工智能主播等智媒产品方面的投入。2021 年 12 月 20 日，安徽广电宣布将与文化科技公司风语宙共同推出数字虚拟主播、打造虚拟直播间、运营虚拟 IP 等业务，在人工智能主播的相关配套业务方面进行深入合作，全力推动并完善元宇宙技术生态。

不仅有人工智能主播，虚拟偶像也如雨后春笋般在电视节目中出现。

---

① 吴锋，刘昭希.人工智能主播历史沿革、应用现状及行业影响[J].西南民族大学学报（人文社会科学版），2021，42（05）：174-183.

2007 年，日本虚拟歌姬初音未来凭借《甩葱歌》《达拉崩吧》《普通 DISCO》等歌曲爆火，被称为"世界第一的公主殿下"，吸引了无数人的目光。2017 年，洛天依在上海举办了第一场个人演唱会，这标志着中国的虚拟偶像行业趋于成熟。国内知名视频网站 b 站上有嘉然、阿梓等大批备受追捧的虚拟主播，b 站重视虚拟主播的发展并有虚拟主播专栏。抖音首位虚拟美妆达人柳夜熙通过发布悬疑故事短片收获了上百万的点赞和粉丝。总之，由于虚拟偶像具有精致的外形、优美的声线、能唱能跳、不容易出现丑闻，且不存在生老病死问题的特点，收获了一大批粉丝，而且在广电领域应用广泛，它们能参与到综艺节目等现实场景中与观众互动，增加节目的个性化和趣味性，比如洛天依在 2021 年登上了春晚的舞台，湖南广电研发的虚拟主持人"小漾"加入《快乐大本营》中。

尽管目前人工智能主播和虚拟偶像的技术还不是非常成熟，比如制作成本高昂、虚拟人物面部表情僵硬、偶尔存在技术故障等问题，但是在未来虚拟人物在广电领域的应用将会越来越普遍。正如清华虚拟学生华智冰的公司表示，虚拟人物将成为未来视频内容的主要提供者之一。而人工智能主播和虚拟偶像技术的成熟对元宇宙有重要的作用，虚拟人物生成技术可以帮助真人获取其虚拟形象，代表自己在虚拟世界中活动；人们对人工智能主播和虚拟偶像的人机互动形式的熟悉也有利于提高他们对虚拟数字资产的接受度，使人们愿意在虚拟世界为虚拟人物付费，比如购票参加虚拟人物的演唱会等，有利于构建元宇宙的底层经济系统。

（三）沉浸式和互动式传播的泛在

借助扩展现实技术，未来的元宇宙世界中，人们可以通过手机或者计算机等互联网设备随时观看 VR/AR 电视剧、新闻报道等电视节目，随手制作 VR/AR 短片，VR/AR 屏幕将代替 IMAX 成为影院的标配，媒介内容的沉浸式体验将进一步加强。学者喻国明提出在未来传播形态中，扩展现实技术将成为主要的社会表达方式之一①。VR 在媒体中的应用最早从平面媒

① 喻国明，耿晓梦. 元宇宙：媒介化社会的未来生态图景[J]. 新疆师范大学学报（哲学社会科学版），2022，43（03）：110 - 118＋2.

体开始,之后广泛应用于电视领域,发挥了重要的作用。2015 年 8 月,美国广播公司是首个开设"ABC News VR"的新闻项目的媒体公司,之后美国全国广播公司、福克斯体育等电视媒体也都开始了 VR 技术在电视上的革新。2016 年 1 月,中央电视台首次运用 VR 技术对体育界杰出优秀人物的颁奖典礼进行了直播,新疆广电是首个积极布局"VR＋广电"的地方媒体,2016 年 3 月在天山云电视及手机客户端开展了多个 VR 业务,包括点播节目等。同一时间,湖北广电、上海文化广播影视公司(SMG)等地方媒体开始积极行动。AR 技术也常出现在广电领域,给人们以视觉冲击与享受,比如从 2012 年至 2021 年的 9 年间,每年央视的春节联欢晚会都会大规模应用 AR 增强舞台效果;2018 年 3 月,新华社首次通过 AR 技术对两会进行报道。

　　随着 5G 时代的到来,VR/AR 技术也被进一步应用到电影中。2014 年,知名导演林诣彬在 VR 电影方面迈出第一步,导演并拍摄了第一部 VR 电影《帮助》(Help)①。2016 年 3 月,全球首家 VR 影院在阿姆斯特丹开幕。2017 年起,国际三大电影节纷纷为 VR 电影设置独立单元,VR 电影正式进入元年。2017 年 1 月,帕特里克·奥斯本(Patrick Osborne)导演的 VR 动画短片《珍珠》(Pearl)首次入围奥斯卡最佳动画短片并参加该奖项的角逐,标志着 VR 电影作为新兴小众领域获得越来越多人的认可和重视。继 VR 之后,AR 也开始成为讲故事的媒介。2020 年 3 月 3 日,Magic Leap 的创意总监杰里米·范胡泽(Jeremy Vanhoozer)导演了 AR 电影《最后的光芒》(The Last Light)并在 SXSW 电影节上首映。VR/AR 电影最大的特点就是观众的自由和个性化程度更强,导演的控制程度更弱。不同于传统电影中电影导演展现全部剧情并控制主线发展,让观众看到他们想呈现的一切,在 VR/AR 电影中,戴上 VR/AR 眼镜的观众可以转头观看电影里的每个角落,自由选择想要观看的角色和电影情节。曾获得艾美奖的导演丽奈特·沃尔沃思(Lynette Wallworth)认为 VR 技术让人们看到电影中不同的世界。未来的电影将不只是视觉艺术,更是意识艺术。

　　尽管目前中国广电领域对 VR 和 AR 等扩展现实内容的探索尚在起步

① 　原浩之.5G 时代的 VR 电影[J].电影文学,2020(06):37-39.

阶段，但前景光明。正如暨南大学教授赵随意所提到的，媒体可采取小投入试错，本着开放合作的理念试水元宇宙，会议报道、赛事直播、综艺节目都是可尝试的领域。

第三节　技术前景与未来传播

元宇宙的发展前景可观，预计到 2030 年，其市场规模和容量有望突破 1.5 万亿美元①。它将打破"虚拟"与"现实""线上"与"线下"的界限，无限扩展其边界，保持持续发展的趋势，并将超越和突破上一代移动互联网的局限形成"混沌"新宇宙②。然而，元宇宙的构建需要一个漫长的过程，它也是一个公众、公司、政府、组织共创、共享、共生的巨大生态空间。扎克伯格（Zuckerberg）表示，元宇宙是一个跨越许多公司、跨越整个行业的愿景。广电行业作为元宇宙应用的主要场景之一，应该与元宇宙形成有效的共生互动机制，一方面，元宇宙技术助力广电媒体及行业转型升级；另一方面，广电媒体及行业为元宇宙的创建源源不断补充能量，成为元宇宙应用的重要新领地，引领未来传播。

① 喻国明，耿晓梦.元宇宙：媒介化社会的未来生态图景[J].新疆师范大学学报（哲学社会科学版），2022，43（03）：110－118＋2.
② 鲁力立，许鑫.从"混合"到"混沌"：元宇宙视角下的未来教学模式探讨：以华东师范大学云展厅策展课程为例[J].图书馆论坛，2022，42（01）：53－61.

第三章

智能技术驱动的媒体内容生产

近年来，随着人工智能等新一代信息技术的飞速发展，特别是以ChatGPT为代表的生成式人工智能技术取得突破并得到广泛应用，全球范围内的媒体智能化趋势正加速推进。在国外，美联社、路透社、彭博社等主流媒体已率先将人工智能技术深度融入新闻生产的各个环节；而在国内，人民日报、新华社、中央广播电视总台等媒体机构也在积极布局，加快推进人工智能技术的应用与发展[①]。可以说，我们正处在一个新的信息传播时代的门槛上，见证着人类信息传播的新古登堡时刻的到来。

然而，由于视频信息数据量大、维度高，不仅包含丰富的视觉、音频和语义信息，还常常受到光线变化、噪声、动态场景等背景的干扰，这使得人工智能算法在复杂性、精确性和运行效率上都面临着更高的挑战。因此，视频内容生产一直是AI应用领域的薄弱环节。尽管此前已有Pika、Gen－2等技术在AI视频领域进行了探索，但它们生成的视频普遍存在片段偏短、对物理世界的构造不够准确等局限，难以满足用户和市场的实际需求。

在这样的技术浪潮下，Sora的推出具有里程碑式的突破性意义。作为Open AI发布的多模态视频生成大模型，Sora不仅能根据文本描述精准生成高清、连贯、逼真的长视频，其每条长达60秒的视频长度远超过了Pika Labs的3秒、Meta的Emu Video的4秒以及Gen－2的18秒。更令人瞩目的是，Sora展现出了对现实世界的卓越理解和模拟能力。这一成就标志着"全面性、智能性、普惠性和普适性"的"超级媒介"已正式诞生并展现出其强大的应用潜力[②]。

---

① 李本乾,陶婷婷.人机共创：AIGC时代影视业模式创新[J].上海广播电视研究,2024,
（02）：13－16.
② 刘金波.从ChatGPT到Sora："超级媒介"的意向性[J].新闻与传播评论,2024,77
（03）：1.

目前，学术界已就 Sora 在新闻出版[①]、图书情报[②]、教育教学[③]等多个领域所产生的初步影响展开了探讨。然而，关于 Sora 如何深度影响视频生产及内容创作领域，以及它将如何为人类的传播领域开启全新的视野和想象空间，这些问题仍需要我们进一步深入研究和讨论。

第一节　智能传播技术的特性

Sora，其名源自日语"天空"，寓意着无垠的广阔与无尽的创造力，承载着对无限创造潜能的崇高敬意，展现了对现实世界的深刻理解和精准模拟能力。与传统的视频数据生成建模方式截然不同，Sora 采用了创新的 DiT（diffusion transformer，即扩散转换器模型）架构，该架构巧妙融合了扩散模型（diffusion model）与 transformer 模型的优势。在训练过程中，Sora 能够将所有视觉数据类型压缩至一个低维潜在空间，随后将其转化为一系列统一表示的时空像素块（patches），这些像素块被送入预先训练好的视觉数据降维网络中处理。

作为 transformer 架构中的基本元素（tokens），这些时空像素块不仅是视频内容的基本构建单元，还具备捕捉文本、图像及视频序列中复杂上下文信息的能力，有效解决了视频复杂度提升导致的处理效率下降的问题。在压缩后的潜在空间内，Sora 能够生成视频，并通过精心训练的解码器模型，将这些潜在表示精准地映射回像素空间[④]。因此，Sora 不仅能够生成具有不同时间长度、宽高比及分辨率的视频与图像，还能确保生成内

①　张新新，孟轶. Sora 驱动下的融合出版新技术新业态新模式分析[J]. 中国编辑，2024（04）：29 - 36.

②　尹克寒，陈纪文. AGI 浪潮下 Sora 何以赋能智慧图书馆建设[J]. 图书馆理论与实践，2024(03)：12 - 19.

③　陈聪聪，李晨，王亚飞. 文生视频模型 Sora 之于教育教学：机遇与挑战[J]. 现代教育技术，2024，34(05)：27 - 34.

④　Video Generation Models as World Simulators. OpenAI[EB/OL].（2024 - 02 - 15）[2024 - 07 - 25]. https://openai. com/index/video-generation-models-as-world-simulators/.

容在时间与空间上保持高度的细节连贯性，为用户带来前所未有的视觉体验。

Sora 的核心技术特性和显著优势，集中体现在其卓越的视觉数据转化与视频内容生成能力上。它不仅能够兼容视频、图像、文字等多模态数据输入，还能够生成覆盖各种场景的高质量视频，极大地丰富了视频内容的多样性。这些优势使得 Sora 在多个领域和环节的视频生产流程中均展现出广泛的应用前景和价值。

一、视觉数据转化能力

Sora 模型以其强大的视觉数据转化能力为核心技术特性之一，这一特性使得它能够轻松驾驭并整合多样化的视觉数据类型，包括但不限于图像、视频帧以及深度信息等。Sora 巧妙地运用一系列复杂的算法，将这些高维度的视觉数据转化为低维度空间中的时空图像块（spatio-temporal image blocks）。这些图像块作为构建视频内容的基石，为后续的视频生成流程提供了坚实的基础。

在数据融合方面，Sora 展现了卓越的兼容性，能够无缝处理来自不同渠道、格式各异的视觉数据，如高清图片、视频片段以及深度传感信息等。这一能力为 Sora 构建了一个庞大的、多样化的素材库，使得它能够生成更加丰富、真实的视频内容。

为了高效处理这些数据，Sora 采用了先进的降维技术，将高维的视觉数据映射到低维空间中。这一创新不仅显著降低了计算的复杂度，还巧妙地保留了数据中关键信息的特征，确保了生成视频的高质量与灵活性。同时，这种低维度空间映射的方式也使得视频内容在保持高质量的同时，具备了更好的可扩展性。

在低维度空间中，Sora 进一步将处理后的数据精心组织成时空图像块。这些图像块不仅蕴含了丰富的静态图像信息，还巧妙地融入了时间维度的动态变化，共同构成了视频内容的基本单元。通过精细的组合与拼接，Sora 能够将这些时空图像块转化为连贯、逼真的视频内容，为用户带来沉浸式的视觉体验。

二、视频内容生成能力

Sora 模型的另一显著亮点在于其卓越的视频内容生成能力。这一非凡能力植根于其精心设计的先进训练算法与深度学习架构之中，使得 Sora 能够迅速响应并精准满足用户的多样化视频生成需求。

在训练算法方面，Sora 采用了大规模的预训练模型作为坚实基础，通过海量视频数据的滋养，不断优化与提升自身的性能。这一过程不仅极大地增强了模型的泛化能力，使其能够广泛适应各种场景，还赋予了 Sora 深厚的视觉理解与动态变化规律认知。在视频生成时，Sora 能够迅速调动这些宝贵的预训练知识库，确保产出的视频内容既精准贴合用户要求，又展现出高度的真实感与连贯性。

Sora 的深度学习架构则是其高效生成能力的另一重要支柱。该架构巧妙融合了先进的神经网络模型，如 Transformer 等，这些模型在序列数据处理领域展现出非凡的实力，能够精准捕捉视频中的时空依赖关系。在视频生成过程中，Sora 利用这些模型对时空图像块进行精细的编码与解码操作，确保最终生成的视频内容在时间与空间维度上都达到高度的连贯与一致，为用户带来流畅自然的视觉享受。

值得一提的是，Sora 还具备高度契合用户需求的能力。通过自然语言处理（NLP）技术的加持，Sora 能够深刻理解用户的文本描述，并将其精准转化为视频生成的具体指令。这一过程中，Sora 展现了对用户意图与偏好的敏锐洞察，确保生成的视频内容能够完全符合用户的期待。此外，Sora 还提供了灵活的反馈机制，允许用户对生成的视频进行微调与优化，进一步提升视频质量与用户满意度。

总之，Sora 模型通过其强大的视觉数据转化能力和高效生成能力，在视频生产领域展现了巨大的潜力和价值。其基础能力与技术原理不仅为视频生成提供了全新的思路和方法，还为人工智能技术在传媒生产环节中的应用开辟了新的路径。随着技术的不断进步和应用的不断拓展，Sora 有望在未来成为视频生产领域的重要推手，推动整个行业的变革和发展。

第二节　智能传播技术的应用场景

一、促进视频素材的智能化处理

在视频生产的广阔领域中，视频素材的智能化处理是提升生产效率与创意质量的关键环节。Sora技术以其强大的智能化处理能力，彻底革新了传统视频素材的整理、筛选与利用方式，为视频制作带来了前所未有的便捷与高效。

首先，实现视频素材的自动标签与分类。在传统视频生产流程中，视频素材的归类与筛选往往依赖于人工操作，这不仅耗时费力，还容易受到操作者的专业知识、经验以及主观判断的影响。而Sora模型则通过其先进的AI技术，能够在视频整理初期自动为素材打上精准标签。这些标签基于视频内容的深层次特征，如场景、物体、动作等，使得视频素材具备被机器快速识别与分类的能力，为后续的编辑与制作奠定了坚实的基础。

其次，提高了视频素材的可利用性和管理效率。通过集成自动标签与智能分类技术，Sora技术有助于构建一个高效便捷的视频素材检索体系。该体系能够利用先进的图像识别和视频搜索技术，在浩瀚的视频素材库中迅速锁定用户所需内容。不论是依据画面细节特征、具体的时间戳、关键词搜索，还是其他复杂的查询条件，Sora都能在极短时间内提供精准匹配的结果，极大地减少了人工筛选的需求，提高了检索的精确度和效率。这一变革不仅为视频编辑师大大节省了宝贵时间，更使他们能够将更多的精力投入到创意构思和内容优化上，彻底摆脱了烦琐素材管理的束缚，促进了创作流程的顺畅与高效。

最后，优化视频素材利用与创作效率。Sora模型的智能化处理能力不仅限于简单的标签与检索，还能够在更深层次上优化素材的利用与创作效率。通过对视频素材的深入分析与理解，Sora能够智能推荐相似或相关的素材片段，为视频编辑师提供丰富的创作灵感与素材选择。同时，Sora还能根据用户的创作需求与风格偏好，自动调整素材的色调、亮度、对比度等参数，使其更加符合视频的风格与氛围。这些功能不仅提升了素材的利用率与创作效率，还使得视频作品在视觉效果上更加统一与和谐。

二、引领视频编辑与创作的革新

随着人工智能技术的飞速发展，视频编辑与创作领域正经历着前所未有的革新。Sora 模型作为这一领域的佼佼者，凭借其强大的生成能力和先进的处理技术，彻底改变了传统视频编辑与创作的模式。

首先，实现视频风格的无缝转化。在视频生产领域，风格的转换与环境的变更常常需要耗费大量时间和资源，尤其是当需要展现截然不同的视觉效果时。随着 Sora 模型中 SDEdit 技术的引入，这一难题得到了根本性的解决。SDEdit 技术凭借其强大的扩散模型能力，能够在不依赖实际拍摄新镜头的情况下，实现视频风格与环境的无缝转换。

SDEdit 技术通过深度学习算法，对视频内容进行深度分析，并理解其内在的结构与特征。在此基础上，该技术能够精准地捕捉用户所期望的风格元素，并将其巧妙地融入原始视频之中。无论是将现代都市的繁华转换为古典城堡的庄重，还是将温馨的家庭场景转变为科幻电影中的未来世界，SDEdit 技术都能轻松实现，呈现出令人惊叹的视觉效果。

值得一提的是，SDEdit 技术的转换过程不仅速度快，而且质量高。它能够在保持视频原有内容连贯性的同时，赋予其全新的风格与氛围，使得视频内容更加丰富多样，更具吸引力。这种无缝转换的能力不仅极大地降低了视频制作的成本和时间，也为创作者提供了更多的创作灵感和可能性。

其次，创建自然流畅的视频过渡。在视频编辑中，过渡效果是连接不同场景和片段的重要手段。传统的过渡手法如淡入、淡出、擦除等，虽然简单易行，但往往难以达到自然流畅的效果。而 Sora 模型则凭借其先进的插值技术，实现了视频过渡的革新。

Sora 模型中的插值技术，通过对视频帧之间的细微变化进行精确计算和分析，能够生成一系列平滑过渡的中间帧。这些中间帧不仅保留了前后帧之间的关键信息，还通过智能插值算法，使得过渡效果更加自然流畅。无论是将不同场景的视频片段无缝拼接在一起，还是在同一场景内实现视角和焦点的平滑转移,Sora模型都能轻松应对,呈现出令人满意的视觉效果。

这种无缝过渡技术不仅超越了传统的剪辑手法,还极大地提升了视频的整体质量和观赏性。它使得视频内容在切换和转换时更加自然流畅,减少了观众的视觉跳跃感,从而增强了视频的沉浸感和代入感。

最后,提供丰富化精细编辑功能。除了风格转换和无缝过渡外,Sora模型还具备强大的精细化编辑功能。这些功能允许用户根据具体需求对视频中的人物外观、场景布局等进行精细调整和优化。

譬如,在人物外观方面,Sora模型能够通过深度学习算法,对人物面部特征、服装造型等进行细致分析,并根据用户指示进行相应调整。无论是调整肤色、发型,还是更换服装、饰品,Sora模型都能快速准确地完成,使得人物形象更加符合用户的创作意图。

而在场景重构方面,Sora模型则能够根据用户提供的素材和指示对视频中的场景进行重新布局和构建。无论是添加新的元素、调整光线和色彩,还是改变场景的整体氛围和风格,Sora模型都能轻松实现,呈现出令人满意的视觉效果。

这些精细化编辑功能的引入,使得Sora模型在视频制作领域的应用更加广泛和灵活。它不仅能够满足用户对视频内容的多样化创作需求,还能够提升视频的整体质量和观赏性,为视频制作行业带来更多的创新和突破。

三、促进视频生产制作流程革新

在视频制作行业日新月异的今天,技术的每一次革新都如同春风化雨,不仅重塑着生产流程,更引领着整个行业的未来走向。其中,Sora技术的横空出世,以其独特的创新方式,为视频生产制作流程带来了前所未有的革新。

首先,提升了视频制作的效率与容错率。在视频制作的初期阶段,拍摄前预览是一项至关重要的环节。Sora技术通过引入拍摄前预览功能,极大地提升了视频制作的效率与容错率。该功能允许用户根据自定义的场景提示预览多种风格的样片,从而在正式拍摄前就能对最终的效果有一个大致的预期和把握。

　　具体来说，用户可以根据自己的创意需求和目标受众设定一系列的场景参数和风格要求。Sora 技术则基于这些参数和要求，利用其强大的生成能力，快速生成多种风格的样片供用户预览。这些样片不仅展示了不同风格下的视觉效果，还能帮助用户评估不同拍摄方案的可行性和效果。

　　通过拍摄前预览，用户可以及时发现并纠正可能存在的问题，如光线不足、色彩偏差、构图不合理等，从而避免在正式拍摄过程中浪费时间和资源。同时，拍摄前的预览功能还能激发用户的创作灵感，帮助他们更好地规划拍摄流程和细节，进一步提升视频制作的质量和效率。

　　其次，赋能多元化视频创作生态。作为广义的社交新入口，短视频、直播、微短剧等形式正日益丰富着人们的交流方式。Sora 模型在这一领域展现出了非凡的适应性和创新性。在输入端，Sora 能够灵活处理从宽屏 1920×1080p 到竖屏 1080×1920p，乃至两者之间任意尺寸的视频内容，这种全尺寸的兼容性使得 Sora 能够直接根据目标设备的原生宽高比创作内容，精准满足各类用户的观看偏好。同时，Sora 还具备从全分辨率快速生成低尺寸原型内容的能力，这种采样拥有极大的灵活性，拓宽了视频创作的边界，为不同平台、不同用途的视频制作提供了无限可能。无论是制作高质量的长视频以满足广电、新闻等专业领域的需求，还是创作互动性强的短视频以迎合直播、短视频剧集等商业市场的口味，Sora 都游刃有余。

　　更进一步从互动式视频与多线叙事的角度来看，Sora 开创了全新的内容生成模式。它能够实现一镜到底的动态内容创作，让受众不仅仅是剧本的旁观者，而是能够亲自扮演角色，通过选择影响故事的走向和结局。这种互动式和多线叙事的方式彻底颠覆了传统影视作品的消费模式，使受众从被动接收者转变为跨媒介故事的积极参与者和创作者。这种转变不仅加深了影视作品与观众之间的情感联系，还创造了一种前所未有的沉浸式观影体验，让观众在享受故事的同时，也能感受到自己作为故事一部分的参与感和成就感。

　　最后，助力视频投放效果的最大化。在当下视频内容呈爆炸性增长的背景下，如何使视频投放效果最大化已成为各大平台竞相研究的焦点议题，尤其是在竞争白热化的视频广告市场中。Sora 技术凭借其独到的智能分析优势与精准的投放策略,成为推动视频广告市场创新升级与持续繁荣的关键驱动力。

Sora 技术深刻洞察视频内容的本质,能够细致剖析每一帧画面的主题思想、情感氛围及场景布局,精准提炼视频中的核心信息并精准定位目标受众。基于这一全面且深入的洞察,Sora 能够智能匹配并巧妙融合与视频内容紧密相关的广告素材,实现广告与视频内容的无缝融合,确保信息传达的流畅性与价值展现的最大化。

此精准投放策略不仅极大地提升了视频广告的曝光量与点击率,更重要的是,它深刻改变了用户对视频广告的传统认知,增强了用户对广告信息的正面感受与接受意愿。由于广告内容与视频主题的高度契合,用户在沉浸于视频内容的同时,自然而然地接受了广告信息,消除了传统广告可能带来的突兀感与排斥心理。这种无缝衔接的体验能有效激发用户的购买兴趣与行动意愿,为广告商带来更为显著的转化成果。

第三节　媒体内容生产的想象空间

OpenAI 将视频生成模型 Sora 誉为"世界模型",恰如其分地体现了其非凡能力——以动态影像为媒介,构建了一个在认知感官层面与人类现实生活高度契合的虚拟场景。这一场景不仅逼真地再现了物理世界的细节,更巧妙地融入了时间维度,使得在强大算力的支撑下,该场景能够自如地在时间轴上向前回溯或向后延伸,展现出一种动态生长的特性。因此,Sora 模型超越了传统的人工智能内容生成软件范畴,它预示着一条通向物理世界数字化重建的潜在途径,其在视频创作领域的广阔前景以及在未来人机共生社会中可能扮演的关键角色,激发了人们对未来的无限遐想。

一、开启艺术与科技融合的新纪元

Sora 作为物理世界的数字镜像,其深远意义远不止于视频创作的革新,更是一个深刻理解现实世界的桥梁。正如 360 集团创始人周鸿祎所洞察的，Sora 所展现的是对真实世界精准模拟后带来的全新可能，预示着技术与艺术的深度融合将催生前所未有的成果与突破。

Sora 等文生视频模型，凭借其强大的生成能力，能够创造出超越人类想象边界的艺术作品，这些作品融合了人工智能的独特创意与新颖视角，为艺术世界注入了无限活力。它们不仅仅是视频的堆砌，更是对生命、自然乃至宇宙本质的新一轮探索与表达。

引人注目的是，Sora 能够生成那些在现实世界中难觅踪迹的奇幻场景，在虚拟环境中创造一些"从未发生过的事件"[1]，如 Open AI 技术手册中展示的"孔雀与变色龙的混合体""大厅里卷起的巨浪"等充满奇幻色彩的混合现实画面。这些作品不仅极大地拓宽了人类的艺术视野，突破了影视创作的物理局限[2]，更在某种程度上引导我们对生命价值、时空认知、社会关系及宇宙奥秘进行重新思考与探索[3]。

因此，从物质性的维度来看，Sora 不仅是一款技术工具，更是开启全新艺术纪元的钥匙，它让我们有机会以全新的视角审视世界，以无限的创意重塑现实，共同见证艺术与科技交织出的璀璨未来。

二、构建视频创作与艺术探索的新模式

人们对 Sora 的感知、期望与想象正悄然影响并塑造着我们与技术之间错综复杂的关系及互动模式。在视频创作这一充满创意与想象的领域，Sora 技术的融入，将视频创作及艺术探索转变为一场人机互动的协同盛宴。这一过程中，人类与人工智能不再是简单的主客体关系，而是相互借鉴、启发，相互补充、协作，乃至相互竞争、超越的伙伴。这种深度的融合与互动，不仅推动了艺术创作边界的不断拓展，更丰富了人类的生命体验，提升了生命的价值深度。

---

① 何静，沈阳. 作为虚拟与现实双向窗的 Sora：重塑媒介实践与传播生态[J]. 新闻与写作，2024，(05)：71-80.
② 徐增鎏. 从 Sora 热潮看人工智能时代电影行业的困境与进路[J]. 电影文学，2024，(10)：43-46.
③ 夏德元. 相由心生：AIGC 时代的艺术生产与审美新景观：由文生视频 AI 模型 Sora 引发的思考[J]. 文化艺术研究，2024，(01)：24-31+112.

"传统的视觉文化通常由人类主导……AIGC 技术的出现,打破了这种局限,使视觉文化可以由人工智能与人类协同共创"。正如研究者所说,回顾传统视觉文化,人类往往占据主导地位,技术手段多被视作辅助工具,虽在一定程度上彰显了创作者的主体性,却也在无形中限制了人类的想象疆域与艺术视野。而 Sora 等 AIGC 技术的崛起如同一股清流,彻底打破了这一僵局。它们让视觉文化的创造不再是人类的独角戏,而是人工智能与人类智慧交织的交响乐章,同时生成式 AI 也为视频生产带来了多样化的协同交互方式,如文本交互、语音交互、视觉识别[①]。这种协同共创的模式,不仅赋予了人工智能以更为积极的角色,使其成为与人类并肩前行的共同主体或交互主体,更深刻地重塑了视觉文化的生产与传播格局[②]。

在这一过程中,新的视觉符号与语言应运而生,它们既是技术进步的产物,也是人类与机器情感交流的桥梁。在向人工智能机器赋权的同时,Sora 等 AIGC 技术极大地拓宽了人类艺术创造的边界,使得人类的主体性在与机器的智慧碰撞中得到了前所未有的丰富与升华。这种变化不仅是对传统创作模式的超越,更是对人类创造力与想象力的一次深刻释放,预示着一个更加多元、开放、包容的艺术新时代的到来[③]。

三、引领视频内容创作生态新潮流

Sora 技术的出现不仅改变了视频制作的技术手段和生产流程,还对整个创作生态产生了深远的影响。它打破了传统的创作壁垒,推动了创作群体的多元化和平等竞争。

在过去,视频制作往往被大型制片厂商和专业团队所垄断,而独立艺术家和小型创作团队则难以获得足够的资源和机会展示自己的作品。然而,随着 Sora 技术的普及和应用,越来越多的独立艺术家和小型创作团队开始

---

① 喻国明,滕文强. 生成式 AI 对短视频的生态赋能与价值迭代[J]. 学术探索,2023,(07):43-48.
② 夏德元. 相由心生:AIGC 时代的艺术生产与审美新景观:由文生视频 AI 模型 Sora 引发的思考[J]. 文化艺术研究,2024,(01):24-31+112.
③ 夏德元. 相由心生:AIGC 时代的艺术生产与审美新景观:由文生视频 AI 模型 Sora 引发的思考[J]. 文化艺术研究,2024,(01):24-31+112.

利用这一技术平台进行创作和展示。他们可以通过 Sora 技术实现高质量的视频制作和编辑效果，与大型制片厂商在同一平台上展开竞争①。

这种创作生态的变革不仅激发了更多创作灵感和优秀作品的出现，还促进了不同创作群体之间的交流和合作。独立艺术家和小型创作团队可以与大型制片厂商相互借鉴，学习经验和技术手段；同时他们也可以借助 Sora 技术平台扩大自己的影响力和知名度，从而吸引更多的资源和机会②。

第四节　AI 技术应用的机遇与挑战

作为视频生产领域的"全能助手"，Sora 模型正逐步展现其广泛的应用潜力，并深受用户期待。用户视其为推动影视制作行业迈向创新叙事与视觉革命新纪元的领航者。然而，在满怀憧憬的同时，我们亦需要冷静地分析这一新型人机互动合作模式所带来的机遇与挑战。

首先，要深入掌握 Sora 模型的核心技术与操作精髓，这是实现高效创作不可或缺的基石。用户需投入时间与精力去探究 Sora 的基础原理，并通过实践摸索出有效的 prompt 组合与模型微调策略。这一过程不仅有助于确保用户在 AI 的辅助下依然能够保持创意的引领地位，还能显著提升视频作品的质量与生产效率，从而不断拓展视频制作的边界。

其次，人机之间的紧密互动与协作是激发 Sora 模型最大潜能的关键。在视频制作的每一个环节，用户与 Sora 模型之间的持续沟通与调整，都是推动创作进程的重要动力。用户的创意灵感与 Sora 的技术优势相互交融，共同探索出最优化的表现方式。同时，用户的反馈与建议也是推动 Sora 模型持续优化与进化的宝贵资源，促进了模型功能与性能的不断提升。这种人机协作的模式，不仅加深了人与技术之间的融合，更为视频制作领域注入

① 令小雄，王鼎民，唐铭悦. ChatGPT 到 Sora：Sora 文生视频大模型对影视创作的机遇、风险及矫治[J]. 新疆师范大学学报（哲学社会科学版），2024，45(06)：128 - 137.
② 郭全中，张金熠. 作为视频世界模拟器的 Sora：通向 AGI 的重要里程碑[J]. 新闻爱好者，2024，(04)：9 - 14.

了前所未有的创新活力。

　　然而，我们亦需要清醒地认识到 Sora 模型的局限性与面临的挑战。作为技术发展的产物，Sora 虽已展现出强大的能力，但其性能与效果仍受到当前技术水平与算法设计的制约。因此，在使用过程中，用户应保持理性与谨慎，避免对模型输出产生盲目依赖或过度解读。同时，尊重 Sora 模型的知识产权与开发者的辛勤付出，遵守相关法律法规与道德规范，是每个用户不可推卸的责任与义务。

　　Sora 技术的问世，无疑为视频生产领域带来了深刻的变革与广阔的机遇。它不仅是技术创新的璀璨成果，更是艺术与科技深度融合的生动体现。展望未来，随着技术的不断进步与应用的持续深化，我们有理由相信 Sora 模型将在影视制作行业中扮演更加重要的角色。通过不懈的学习、探索与实践，我们定能淋漓尽致地发挥 Sora 的潜力，携手共创一个更加多元、开放、包容的视频创作新时代。

第四章

智能传播技术的
受众采纳行为

人工智能技术正以前所未有的速度重塑着我们的社会形态与生活方式。特别是以 ChatGPT 为代表的生成式 AI 的出现,不仅展现了人工智能在自然语言处理、知识理解与生成等方面的巨大突破,更在全球范围内掀起了新一轮人工智能革命浪潮。在这样的背景下,深入研究用户对人工智能技术的接受意愿与使用行为,对于把握技术发展趋势、预测社会变迁方向具有重要意义。

当前,人工智能技术的发展呈现出两个显著特征:一是技术应用场景的广泛性,从工作效率提升到生活便利获取,AI 技术几乎渗透到了人们生活的方方面面;二是技术使用的深度性,AI 不再仅仅是辅助工具,而是越来越多地参与到人类的决策过程中。这些特征使得研究用户对 AI 技术的接受程度变得尤为重要。一方面,用户的接受程度直接影响着技术的推广和应用效果;另一方面,了解用户的使用意愿和行为模式,有助于优化技术设计,提升用户体验。

然而,尽管 AI 技术在快速发展,用户对这项技术的认知和接受程度却呈现出明显的差异性。有研究表明,许多用户虽然认可 AI 技术带来的便利,但对其可靠性和安全性仍持保留态度。这种态度上的矛盾性提示我们,用户对 AI 技术的接受过程是复杂的,需要从多个维度进行深入研究。

第一节　AI 技术的使用意愿与行为

AI 技术是当今社会发展中最有代表性的技术之一。它可以帮助人们解决许多问题,例如进行自然语言交互、图像识别、智能推荐等。当前,用户对 AI 技术的采用行为非常值得研究。这主要是因为虽然越来越多的人在关注和使用 AI 技术,但是 AI 技术具有复杂性和不确定性,许多人仍旧对 AI 技术持怀疑态度[①]。因此,研究用户对 AI 技术的采用情况可以帮助我

① Hengstler, M., Enkel, E., Duelli, S. (2016). Applied artificial intelligence and trust—The case of autonomous vehicles and medical assistance devices. Technological Forecasting & Social Change, 105, 105 - 120.

们更好地了解用户需求和用户心理,提高人们对 AI 技术的认知和理解。近年来,研究人员广泛调查了影响 AI 技术采纳的因素,在这些研究中,技术接受模型(TAM)、任务-技术匹配模型(TTF)以及技术接受和使用统一理论模型(UTAUT 和 UTAUT2)得到了学术界的广泛关注和应用。从研究方法上来说,这些研究主要使用调查法、实验法和定性访谈法来进行。结果表明,影响用户采用 AI 技术的主要因素包括：第一,AI 技术特征因素,包括拟人化、intelligence、reactivity 等方面[1]；第二,用户认知因素,例如,感知有用性、感知易用性、感知信任、感知风险等因素[2]；第三,促进或阻碍 AI 技术使用的外部条件因素,包括 marketplace dynamics、privacy issues、ethical issues 等[3]；第四,个体特征因素,例如,demographic variables、personality traits、individual innovativeness、Experienc 等因素都能够预测用户对 AI 技术的应用[4]。尽管上述研究揭示了许多影响因素,然而,用户对人工智能技术的采用结果可能会因为 AI 工具的类型或时间不同而改变[5]。因此,有必要在新的背景下调查新的且有代表性的 AI 工具。

ChatGPT 是人工智能的代表技术之一,它可以根据用户提供的信息给予有效的回答,实现文本和代码等内容生成、问答系统、机器翻译等多种功能。2022 年 11 月,OpenAI 发布对话式大型语言模型 ChatGPT[6] 后,并在短短两个多月内有 1 亿用户使用,这使得 ChatGPT 成为互联网历史上增长

---

① Wu, M., Wang, N., Yuen, K. F. (2023). Can autonomy level and anthropomorphic characteristics affect public acceptance and trust towards shared autonomous vehicles? Technological Forecasting & Social Change, 189.

② Vimalkumar, M., Sharma, S. K., Singh, J. B., Dwivedi, Y. K. (2021). "Okay google, what about my privacy?": User's privacy perceptions and acceptance of voice based digital assistants. Computers in Human Behavior, 120.

③ Klaus, P., Zaichkowsky, J. L. (2022). The convenience of shopping via voice AI: Introducing AIDM. Journal of Retailing and Consumer Services, 65.

④ Liu, X., He, X., Wang, M., Shen, H. (2022). What influences patients' continuance intention to use AI-powered service robots at hospitals? The role of individual characteristics. Technology in Society, 70.

⑤ Gopinath, K., Kasilingam, D. (2023). Antecedents of intention to use chatbots in service encounters: A meta-analytic review. International Journal of Consumer Studies.

⑥ Open AI. (2023). Introducing ChatGPT. Retrieved March 25th, 2023.

最快的消费者应用程序①。可以说,ChatGPT 是第一个被主流广泛使用的 AI 工具②,它标志着人机交互领域迎来了一个新的时代,具有重要的研究价值。当前,关于 ChatGPT 的研究主要有如下几类研究内容,第一,聚焦于分析 ChatGPT 在多学科应用前景的研究,包括提供了在医疗保健③、旅游④、化学⑤等领域的见解;第二,采用 ChatGPT 对组织、社会和个人在提高生产力方面的积极影响,以及其对隐私和安全带来的威胁⑥,可能引发的著作权、版权和剽窃伦理等方面的问题⑦;第三,指明关于 ChatGPT 这项颠覆性技术的重点研究问题。比如,建议围绕拥抱人工智能的好处、制定问责规则等话题展开辩论⑧。从方法上来看,目前该领域的研究都是从理论思辨的角度来开展,很少从定量的研究去客观、细致地衡量用户的使用行为。考虑到 ChatGPT 作为 AI 技术的集大成者,对整个人类社会都将有深远的影

---

① Sawdah Bhaimiya. (2023 Feb 2). ChatGPT may be the fastest-growing consumer app in internet history, reaching 100 million users in just over 2 months, UBS report says, from https://www. businessinsider. com/chatgpt-may-be-fastest-growing-app-in-history-ubs-study-2023-2.

② Halloran, L. J. , Mhanna, S. , Brunner, P. (2023). AI tools such as ChatGPT will disrupt hydrology, too. Hydrological Processes, e14843.

③ Cascella, M. , Montomoli, J. , Bellini, V. , Bignami, E. (2023). Evaluating the Feasibility of ChatGPT in Healthcare: An Analysis of Multiple Clinical and Research Scenarios. Journal of Medical Systems, 47(1), 1 - 5.

④ Peel Through ChatGPT, Technological Advancement or Threat? This is the Professor's of IPB University Response. (2023). News Bites Pty Ltd.

⑤ Castro Nascimento, CM Pimentel, AS, 2023, "Do Large Language Models Understand Chemistry? A Conversation with ChatGPT", Journal of Chemical Information and Modeling, vol. 63, no. 6, pp. 1649 - 1655.

⑥ Dwivedi, YK, Kshetri, N, Hughes, L, Slade, EL, Jeyaraj, A, Kar, AK, ... Baabdullah, AM, 2023, "'So what if ChatGPT wrote it?' Multidisciplinary perspectives on opportunities, challenges and implications of generative conversational AI for research, practice and policy", International Journal of Information Management, vol. 71.

⑦ Lund, B. D. , Wang, T. , Mannuru, N. R. , Nie, B. , Shimray, S. , Wang, Z. (2023). ChatGPT and a new academic reality: Artificial Intelligence - written research papers and the ethics of the large language models in scholarly publishing. Journal of the Association for Information Science and Technology.

⑧ van Dis, EAM, Bollen, J, Zuidema, W, van Rooij, R, Bockting, CL, 2023, "ChatGPT: five priorities for research", Nature (London), vol. 614, no. 7947, pp. 224 - 226.

响,本研究认为,了解用户对 ChatGPT 聊天机器人的实际采用情况是推动 AI 技术发展中必须关注的重点问题之一。

  TAM(technology acceptance model)是最著名和被广泛应用的研究用户信息行为的经典理论之一[1],可以用来解释用户对新技术和设备的接受程度。先前使用 TAM 的研究被广泛应用于预测用户对服务机器人[2]、医疗机器人[3]、社交机器人[4]的接受程度,但目前还没有研究将其应用于 ChatGPT 聊天机器人。鉴于 ChatGPT 和相关技术已被确定为颠覆性创新[5],因此,我们使用 TAM 作为本研究模型的理论基础开展研究,这可以进一步拓展 TAM 理论的研究领域,帮助我们理解人们在采纳和使用 ChatGPT 聊天机器人的决定因素。

  据我们所知,目前学术界还没有有关 ChatGPT 的采用的研究。因此,本研究是第一个使用 TAM 模型为理论基础,探究用户对 ChatGPT 的使用意愿和行为的实证研究。同时,我们通过考虑用户的个体特征因素(如性别、城乡、受教育程度),来扩展现有的 TAM 并进行了实证检验。这样可以判断用户采用 ChatGPT 聊天机器人的使用意愿、使用行为是否受到人口学变量的调节作用的影响,便于找到用户对 ChatGPT 聊天机器人的使用意愿和使用行为有解释力的理论模型,也有利于将调查结果更好地服务到契合的特定群体,为人工智能技术的采用研究做出理论和实践贡献。

---

① Davis, F. D., Bagozzi, R. P. and Warshaw, P. R. (1989), "User acceptance of computer technology: a comparison of two theoretical models", Management Science, Vol. 35 No. 8, pp. 982 - 1003.

② Etemad-Sajadi, R., Sturman, M. C. (2022). How to Increase the Customer Experience by the Usage of Remote Control Robot Concierge Solutions. International Journal of Social Robotics, 14(2), 429 - 440.

③ Liu, X., He, X., Wang, M., Shen, H. (2022). What influences patients' continuance intention to use AI-powered service robots at hospitals? The role of individual characteristics. Technology in Society, 70.

④ De Graaf, M. M., Allouch, S. B. (2013). Exploring influencing variables for the acceptance of social robots. Robotics and USEtonomous systems, 61(12), 1476 - 1486.

⑤ Haque, M. U., Dharmadasa, I., Sworna, Z. T., Rajapakse, R. N., Ahmad, H. (2022). "I think this is the most disruptive technology": Exploring Sentiments of ChatGPT Early Adopters using Twitter Data. arXiv preprint arXiv: 2212.05856.

第二节 AI受众采纳的理论模型及假设

一、技术接受模型(TAM)

技术接受模型(TAM)用于解释人们对新技术的接受程度。TAM是由戴维斯(Davis)根据理性行为理论(theory of reasoned action, TRA)[①]在信息系统领域发展而来。大量的实证研究表明,TAM模型在预测技术采纳和使用方面结构稳健且简约[②]。

TAM被认为是信息系统领域有影响力且被广泛使用的模型。一方面,它在关于信息和计算机技术上的应用中具有很好的适用性,具体包括电子邮件[③]、手机银行[④]等研究领域。例如,Pillai等人[⑤]使用技术采用模型(TAM)调查了学生对基于人工智能(AI)的教师机器人(T-bots)的采用意图(ADI)和实际使用情况(ATU),结果发现在影响采用教师机器人的使用意向的因素中,感知易用性和感知有用性发挥了重要作用;另一方面,TAM模型已经被证明可以在不同的国家和文化中使用[⑥],包括在中国等发展中国家和地区也具有很好的适用性[⑦]。因此,我们将该模型应用到了中国

① Fishbein, M. , Ajzen, I. (1975). Belief, attitude, intention and behaviour: An introduction to theory and research. Addison-Wesley.

② Venkatesh, V. , Davis, F. D. (2000). A Theoretical Extension of the Technology Acceptance Model: Four Longitudinal Field Studies. Management Science, 46(2), 186-204.

③ Serenko, A. (2008). A model of user adoption of interface agents for email notification. Interacting with Computers, 20(4), 461-472.

④ Shaikh, A. A. , Karjaluoto, H. (2015). Mobile banking adoption: A literature review. Telematics and Informatics, 32(1), 129-142.

⑤ Pillai, R. , Sivathanu, B. , Metri, B. , KUSEshik, N. (2023). Students' adoption of AI-based teacher-bots (T-bots) for learning in higher education. Information Technology & People (West Linn, Or.).

⑥ Veiga, J. F. , Floyd, S. , Dechant, K. (2001). Towards modelling the effects of national culture on IT implementation and acceptance. Journal of Information Technology, 16 (3), 145-158.

⑦ Liu, H. , Wang, L. , Koehler, M. J. (2019). Exploring the intention-behavior gap in the technology acceptance model: A mixed-methods study in the context of foreign-language teaching in China. British Journal of Educational Technology, 50(5), 2536-2556.

用户对 ChatGPT 聊天机器人使用的情境中。TAM 模型假设一个人使用信息技术的行为意图主要由两个关键因素决定：感知有用性（PU）和感知易用性（PEU）。本书确定保留了 TAM 的四个核心变量：感知有用性、感知易用性、使用意向（BI）和使用行为（USE）。

（一）感知有用性

在 TAM 模型中，感知有用性（PU）指的是一个人认为使用特定系统会提高其工作绩效的程度[1]。一些研究发现，感知有用性（PU）对用户使用新技术的意愿产生了积极影响[2]。Venkatesh 和 Davis 的研究发现，感知有用性（PU）是影响人们使用技术的强大而直接的决定因素[3]。就 ChatGPT 聊天机器人的功能而言，它的价值在于其具有理解和总结信息的能力，在一定程度上能够总结研究结果并进行科学的写作[4]。因此，我们假设感知有用性（PU）影响人们使用 ChatGPT 聊天机器人的意愿：

H1：感知有用性（PU）会对 ChatGPT 聊天机器人的使用意向有正向的影响。

（二）感知易用性

感知易用性（PEU）指的是一个人相信使用特定系统会毫不费力的程度。许多文献表明，感知易用性（PEU）对使用技术的意愿有积极的影响[5]。在当前人们使用人工智能技术的背景下，感知易用性（PEU）可以被定义为用户相信 ChatGPT 聊天机器人的使用将毫不费力且易于使用的程度，即用

① Davis，F. D. (1989). Perceived usefulness，perceived ease of use，and user acceptance of information technology. MIS quarterly，319－340.
② Wang，Y.，Wang，S.，Wang，J.，Wei，J.，Wang，C. (2020). An empirical study of consumers' intention to use ride-sharing services：using an extended technology acceptance model. Transportation (Dordrecht)，47(1)，397－415.
③ Venkatesh，V.，Davis，F. D. (2000). A Theoretical Extension of the Technology Acceptance Model：Four Longitudinal Field Studies. Management Science，46(2)，186－204.
④ Cascella，M.，Montomoli，J.，Bellini，V.，Bignami，E. (2023). Evaluating the Feasibility of ChatGPT in Healthcare：An Analysis of Multiple Clinical and Research Scenarios. Journal of Medical Systems，47(1)，33－33.
⑤ Joo，Y. J.，Park，S.，Lim，E. (2018). Factors Influencing Preservice Teachers' Intention to Use Technology：TPACK，Teacher Self-efficacy，and Technology Acceptance Model. Educational Technology & Society，21(3)，48－59.

户与聊天机器人的交互是清晰易懂的。从实际技术操作上来说,ChatGPT
采用简洁的图形化界面设计,操作也相对简单,用户无须编程基础,只需要
在对话框中输入内容就可与机器人实现快捷、便利的聊天。因此,我们认
为,如果用户感知到 ChatGPT 聊天机器人易于使用,将更有可能使用它们。

H2:感知易用性(PEU)会对 ChatGPT 聊天机器人的使用意向有正向
的影响。

同时,在 TAM 模型中,感知易用性(PEU)是感知有用性(PU)的直接
决定因素。因为在其他条件相同的情况下,一个系统使用起来越不费劲,使
用它时就越能提高工作效率。在近来关于机器人的研究主题上,实证结果
显示出了相同的结果。例如,Choe(2022)在一项关于顾客对机器人餐厅服务
(机器人准备食材、做饭和为顾客送餐等)的态度和行为意图的研究中发现,当
顾客发现与服务机器人的互动很容易时,顾客就会觉得其可以提供满意的服
务,即感知易用性(PEU)会对感知有用性(PU)产生正向的影响①。因此,我
们假设,对于易于使用的 ChatGPT 聊天机器人,用户会感知到高有用性。

H3:感知易用性(PEU)会对 ChatGPT 聊天机器人的感知有用性(PU)
有正向的影响。

(三) 使用意向和使用行为

在 TAM 模型中,使用意向(BI)代表了个人使用技术的意图,使用行
为(USE)代表了个人的实际使用行为。在本研究中,使用意向(BI)指的
是用户使用 ChatGPT 聊天机器人的意愿,使用行为(USE)指的是用户在
过去一段时间内使用 ChatGPT 聊天机器人的实际行为。Davis 的研究证
明,人的行为意愿对实际行为具有积极影响作用。一些研究也证实了使
用意向(BI)和使用行为(USE)之间的关系。Moon 和 Kim 发现,在万维网
的语境中,使用行为意图与实际使用之间存在着正相关的关系②。
Alzahrani 等人的研究发现,使用数字图书馆的行为意向正面影响了数字图

① Choe, J. Y. (Jacey), Kim, J. J., Hwang, J. (2022). Innovative robotic restUSErants in
Korea: merging a technology acceptance model and theory of planned behaviour. Asian
Journal of Technology Innovation, 30(2), 466 – 489.

② Moon, J. -W., Kim, Y. -G. (2001). Extending the TAM for a World-Wide-Web
context. Information & Management, 38(4), 217 – 230.

书馆的实际使用率①。考虑到在信息技术领域，大部分研究都将行为意向（BI）视为与实际使用最接近的前因。

H4：使用意向（BI）会对 ChatGPT 聊天机器人的使用行为（USE）有正向的影响。

二、人口学信息的调节作用

本书包括的人口学特征变量的两个原因是：其一，Legris 等人的研究指出，TAM 模型必须整合到一个更广泛的模型中②，比如可以通过包含个人特征的调节变量来解释此模型③。其二，在实证研究中，个人的特征会影响技术的使用。本研究将会探索个体特征的差异，围绕性别、城乡、受教育程度的调节作用来展开。

第一，从性别特征来看，Venkatesh 和 Morris④ 发现，在考虑技术使用的过程中，女性会比男性倾向于更少地考虑感知有用性（PU）。Ong 和 Lai 的研究发现，对女性而言，感知易用性（PEU）对感知有用性（PU）的影响比对男性更强烈⑤。Nguyen 和 Malik⑥ 的研究也支持了上述的结论。另一方面，也有一些研究发现，在技术使用方面，性别的差异很小⑦。更进一步，

①　Alzahrani, A. I., Mahmud, I., Ramayah, T., Alfarraj, O., Alalwan, N. (2019). Modelling digital library success using the DeLone and McLean information system success model. Journal of Librarianship and Information Science, 51(2), 291 - 306.

②　Legris, P., Ingham, J., Collerette, P. (2003). Why do people use information technology? A critical review of the technology acceptance model. Information & Management, 40(3), 191 - 204.

③　Marangunic, N., & Granic, A. (2015). Technology acceptance model: a literature review from 1986 to 2013. Universal Access in the Information Society, 14(1), 81 - 95.

④　Venkatesh, V., Morris, M. G. (2000). Why Don't Men Ever Stop to Ask for Directions? Gender, Social Influence, and Their Role in Technology Acceptance and Usage Behavior. MIS Quarterly, 24(1), 115 - 139. https://doi.org/10.2307/3250981.

⑤　Ong, C.-S., Lai, J.-Y. (2006). Gender differences in perceptions and relationships among dominants of e-learning acceptance. Computers in Human Behavior, 22(5), 816 - 829.

⑥　Nguyen, T.-M., Malik, A. (2022). Employee acceptance of online platforms for knowledge sharing: exploring differences in usage behaviour. Journal of Knowledge Management, 26(8), 1985 - 2006.

⑦　Whitley, B. E. (1997). Gender differences in computer-related attitudes and behavior: A meta-analysis. Computers in Human Behavior, 13(1), 1 - 22.

Sobieraj 和 Krämer 的研究发现，面对复杂的技术，女性和男性一样有可能选择使用电子邮件或在线系统完成任务①。因此，检验在 ChatGPT 聊天机器人的使用中存在哪些性别的差异是非常有必要的。

第二，从城乡特征来看，城乡居民在技术的使用方面存在差异②。更进一步，Tandon 等人③的研究表明，感知易用性（PEU）对用户使用意向（BI）、感知有用性（PU）对用户使用意向（BI）的影响受到地区的调节作用。值得注意的是，以往的研究结论都与研究开展的国家和文化背景密不可分。为了制订适合国家新技术采用率的策略，有必要了解在城乡方面的差异。事实上，在像中国这样的发展中国家，城市地区比农村地区要发达得多④，这可能会造成城乡居民在互联网和新技术的使用上并不平等⑤，从而在技术采用上产生差异。

第三，许多先前的研究表明，在新技术的接受与使用中，使用者的受教育程度会影响其信息技术的使用情况⑥。例如，Riddell 和 Song 的研究证实了教育增加了在工作中使用计算机的概率，受教育程度较高的员工比受教育程度较低的员工在使用计算机方面的工作经验更丰富⑦。此外，Park 等人在一项关于中国消费者采用移动技术的研究中，发现受教育程度发挥了调

---

① Sobieraj, S., Krämer, N. C. (2020). Similarities and differences between genders in the usage of computer with different levels of technological complexity. Computers in Human Behavior, 104.

② Porto, N., Huang, Y., Xiao, J. J. (2019). credit card adoption and usage in CHINA: urban-rural comparisons. Singapore Economic Review, 64(01), 41 – 56.

③ Tandon, A., Sharma, H., Aggarwal, A. G. (2019). Studying the Moderating Effect of a Respondent's Locality in M-commerce Adoption Intention. Ingeniería Solidaria, 15 (29), 1 – 23.

④ Yang, D. (2023). Income growth, income uncertainty, and urban-rural household savings rate in China. Regional Science and Urban Economics, 99, 103855.

⑤ Gupta, R., Jain, K. (2015). Adoption behavior of rural India for mobile telephony: A multigroup study. Telecommunications Policy, 39(08), 691 – 704.

⑥ Nguyen, T. D., Nguyen, D. T., Cao, T. H. (2014). Acceptance and Use of Information System: E-Learning Based on Cloud Computing in Vietnam. Information and Communication Technology, 8407, 139 – 149.

⑦ Riddell, W. C., Song, X. (2017). The role of education in technology use and adoption: evidence from the Canadian workplace and employee survey. Industrial & Labor Relations Review, 70(05), 1219 – 1253.

节作用①。Abu-Shanab 在一项关于新兴技术使用意愿的研究中也证明了教育是重要的调节因素，即受教育程度高的人可能会考虑到自身会有较好的技能水平，提高其使用新技术的意愿②。

根据以上的讨论，本书提出如下问题。

在感知易用性（PEU）到使用行为（USE）的过程中，对于在性别、城乡、受教育程度上不同的用户存在差异化影响。

本书的研究模型如图 4-1 所示。

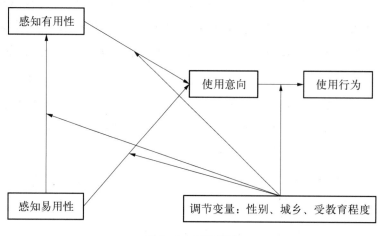

图 4-1　研究模型

第三节　AI 受众采纳行为的研究方法

一、样本和数据收集

本书采用问卷调查法收集数据。由于我们的目标群体，即 ChatGPT 用户，主要是年轻人或中年人，问卷便以社交网络平台上的在线链接的形式分

①　Park, J., Yang, S., Lehto, X. (2007). Adoption of mobile technologies for chinese consumers. Journal of Electronic Commerce Research, 8(03): 196-206.

②　Abu-Shanab, E. A. (2011). Education level as a technology adoption moderator. 2011 3rd International Conference on Computer Research and Development, 1, 324-328.

发,如微信朋友圈、小红书、基于豆瓣的新技术社区、百度贴吧、知乎和微博,并进行简单的随机抽样。

问卷已通过伦理审查。在调查开始时,受访者被告知问卷是匿名的,并且答案仅用于学术目的。他们都给出了知情同意,我们向符合要求的每份问卷受访者支付了 5 元人民币。第一个问题是受访者是否使用了 ChatGPT,该问题用于筛选目标参与者。在发出的 1 242 份问卷中,有 949 份回答了"是",其中 784 份是有效的,问卷的有效回收率为 82.61%,删除了那些作答时间不到 120 秒的问卷,以及那些未能正确回答常识性问题的问卷。784 份有效问卷表明我们已经达到了目标群体,支持样本的代表性。784 名参与者的人口统计特征如表 4-1 所示。

表 4-1 参与者的人口统计学指标

	特 性	样本量/人	样本占比/%
性别	男	462	58.93
	女	322	41.07
出生地	城市	563	71.81
	乡村	221	28.19
受教育程度	高中及以下	12	1.53
	大专	35	4.46
	学士学位	540	68.88
	硕士学位	147	18.75
	博士学位	50	6.38
年龄	<18	20	2.55
	19~25	543	69.26
	25~30	185	23.60
	30~40	35	4.46
	>40	1	0.13

续　表

	特　性	样本量/人	样本占比/%
社会角色	学生	556	70.92
	工作人士	228	29.08

二、测量

该问卷测量了两个技术接受模型（TAM）的核心变量，即感知有用性（PU）和感知易用性（PEU），以及两个结果变量，即行为意向（BI）和技术使用（USE）。测量项目改编自现有量表，均采用李克特五级量表，但技术使用（USE）为多项选择题。如表4-2所示，每个变量的项目均显示出良好的信度，每个变量的克隆巴赫 α 值均大于0.75。

表 4-2　主要变量的测量方法和可靠性

变　量	项目数/个	项目类型	克隆巴赫 α 值	参考文献
感知有用性（PU）	4	李克特五级量表	0.852 871	Venkatesh & Bala, 2008[1]
感知易用性（PEU）	4	李克特五级量表	0.786 351	Venkatesh & Bala, 2008[1]
行为意向（BI）	4	李克特五级量表	0.778 985	Venkatesh & Bala, 2008[1]；Moon & Kim, 2001[2]
技术使用（USE）	3	多项选择题	0.756 607	Moon & Kim, 2001[2]

三、数据分析

本书采用具有潜在变量的结构方程模型（SEM）来检验研究假设和问题。我们使用 Mplus（版本8.3）进行数据分析。根据 Kline 的研究，进行

---

[1]　Venkatesh，V.，Bala，H.（2008）. Technology acceptance model 3 and a research agenda on interventions. Decision sciences，39(02)，273-315.

[2]　Moon，J. W. Kim，Y. G.（2001），"Extending the TAM for a world-wide-web context"，Information & Management，Vol. 38 No. 4，pp. 217-230.

SEM 模型时需要考虑以下标准：CFI 和 TLI＞0.90、CMIN/DF＜5 以及 RMSEA＜0.08。在检验了收敛效度和判别效度之后，采用偏最小二乘法（PLS）分析主要变量之间直接和间接效应路径的显著性；接着通过估计多组路径分析来检验性别、出生地和教育水平的调节作用：首先分别为两组参与者估计所有的模型路径，然后将每条路径约束为组间相等，以检验模型系数是否因调节变量而不同。

第四节　AI 受众采纳行为的实证分析

一、信度分析

如表 4-3 所示，所有项目的载荷均大于 0.60，且大多数超过 0.70；所有组合信度（CR）值均高于 0.70，最低为 0.759；尽管一些平均方差提取量（AVE）值略低于 0.50，但其对应的 CR 值远高于 0.6。根据 Fornell 和 Larcker 和 Hair 等人的研究，上述三个标准为构念的收敛效度提供了充分证据。

表 4-3　聚合效度构建指标

变量	项目	显著性			可靠性		信度	效度
		未标准化估计值	标准误	p 值	项目载荷	SMC	标准化估计值（CR）	平均方差提取量（AVE）
PU	PU1	1			0.771	0.594	0.853	0.593
	PU2	1.016	0.047	＜0.001	0.781	0.610		
	PU3	1.03	0.047	＜0.001	0.784	0.615		
	PU4	1.013	0.049	＜0.001	0.743	0.552		
PEU	PEU1	1			0.743	0.552	0.787	0.481
	PEU2	0.928	0.058	＜0.001	0.63	0.397		
	PEU3	1.035	0.058	＜0.001	0.707	0.500		
	PEU4	1.04	0.06	＜0.001	0.689	0.475		

续　表

| 变量 | 项目 | 显著性 | | | 可靠性 | | 信度 | 效度 |
		未标准化估计值	标准误	p 值	项目载荷	SMC	标准化估计值（CR）	平均方差提取量（AVE）
BI	BI1	1			0.651	0.424	0.784	0.478
	BI2	1.311	0.087	<0.001	0.668	0.446		
	BI3	1.404	0.084	<0.001	0.792	0.627		
	BI4	1.139	0.078	<0.001	0.644	0.415		
USE	USE1	1			0.706	0.498	0.759	0.513
	USE2	0.977	0.063	<0.001	0.685	0.469		
	USE3	1.118	0.069	<0.001	0.756	0.572		

二、效度分析

根据 Fornell 和 Larcker 的研究，可以采用 AVE 的平方根和相关系数来检验判别效度，这涉及特定变量与其他测量不同构念的变量之间的不相关程度。如表 4 - 4 所示，对角线上每个变量的 AVE 平方根高于与该构念相对应的行和列中的相关系数，从而在变量之间建立了良好的判别效度。

表 4 - 4　效度判别

| | 聚合效度（AVE） | 判 别 效 度 | | | |
		PU	PEU	BI	USE
PU	0.593	0.770			
PEU	0.481	0.768	0.693		
BI	0.478	0.453	0.457	0.691	
USE	0.513	0.322	0.414	0.624	0.716

三、结构方程模型

根据研究假设,建立了如图 4-2 所示的结构方程模型。表 4-5 展示了拟合指标,表明该模型拟合良好。

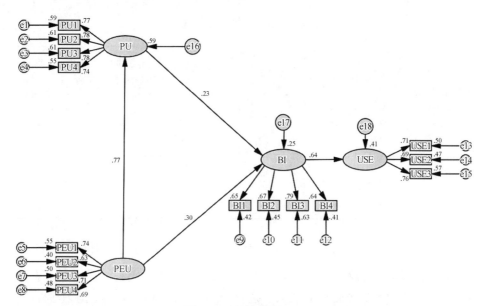

图 4-2　结构模型展示

表 4-5　结构模型拟合指标

指　　标	值
CMID	201.363
DF	86
CMID/DF	2.341
GFI	0.966
AGFI	0.952
CFI	0.974
TLI (NNFI)	0.968
RMSEA	0.041
SRMR	0.035 8

模型中的直接路径分析结果如表4-6所示。所有路径的影响均显著，包括"PEU → PU"（$\beta=0.767$，$p<0.001$）、"PU → BI"（$\beta=0.227$，$p<0.01$）、"PEU → BI"（$\beta=0.304$，$p<0.001$）和"BI → USE"（$\beta=0.639$，$p<0.001$），从而证实了假设1-4。

表4-6 PLS-SEM 路径系数

路 径	未标准化估计值	标准误	p 值	组合信度（因子载荷）	决定系数（R^2）
PEU→PU	0.814	0.053	<0.001	0.767	0.589
PU→BI	0.244	0.081	0.003	0.227	0.250
PEU→BI	0.346	0.089	<0.001	0.304	
BI→USE	0.782	0.062	<0.001	0.639	0.409

如表4-7所示，进一步的间接路径分析结果表明，行为意向（BI）在感知有用性（PU）和技术使用（USE）之间起到中介作用（$\beta=0.145$，$p=0.015$），并且行为意向（BI）也在感知易用性（PEU）和技术使用（USE）之间起到中介作用（$\beta=0.195$，$p=0.001$）。同时，序列路径"PEU → PU → BI → USE"也显著（$\beta=0.111$，$p=0.015$），这意味着感知有用性（PU）和行为意向（BI）在感知易用性（PEU）和技术使用（USE）之间起到了中介作用。

表4-7 PLS-SEM 间接效应路径系

	标准化估计值	标准误	估计值/标准误	p 值
从感知有用性（PU）到使用意愿（USE）的效应				
总间接效应	0.145	0.06	2.427	0.015
特定间接路径效应				
PU→BI→USE	0.145	0.06	2.427	0.015

续　表

	标准化估计值	标准误	估计值/标准误	p 值
从感知易用性(PEU)到使用意愿(USE)的效应				
总间接效应	0.306	0.036	8.407	<0.001
特定间接路径				
PEU→BI→USE	0.195	0.057	3.44	0.001
特定间接路径 2				
PEU → PU → BI → USE	0.111	0.046	0.422	0.015

四、调节效应

表 4-8 显示了以性别、城乡和受教育程度为分组变量的调节分析结果。性别(系数差异=0.109，p<0.001)、城乡(系数差异=0.066，p=0.045)和受教育程度(系数差异=0.036，p<0.001)均对行为意向(BI)对技术使用(USE)的影响起到调节作用。此外,受教育程度还调节了感知易用性(PEU)对感知有用性(PU)(系数差异=0.126，p=0.001)和 PEU 对 BI(系数差异=0.030，p=0.038)的影响。其他特定路径上的调节效应不显著。

表 4-8　以性别、城乡和受教育程度为调节变量的多组分析

路　径	调节	路径系数		组 2—组 1	
		组 1	组 2	系数差异	p 值
		男	女		
PEU→PU	性别	0.101***	0.132***	0.031	0.464
PU→BI		0.032*	0.06**	0.028	0.179
PEU→BI		0.038**	0.06**	0.022	0.092
BI→USE		0.147***	0.256***	0.109	<0.001

路　径	调节	路径系数		组2－组1	
		组1	组2	系数差异	p 值
		乡村	城市		
PEU→PU	城乡	0.116***	0.121***	0.005	0.898
PU→BI		0.062**	0.048***	－0.014	0.504
PEU→BI		0.068**	0.030*	－0.039	0.092
BI→USE		0.151***	0.218***	0.066	0.045（*）
		本科及以下学历	研究生及以上学历		
PEU→PU	受教育程度	0.084***	0.211***	0.126	0.001（**）
PU→BI		0.041*	0.070*	0.028	0.201
PEU→BI		0.032*	0.062**	0.030	0.038（*）
BI→USE		0.172***	0.268***	0.036	（***）

注：* $p<0.05$，** $p<0.01$，*** $p<0.001$。

第五节　AI受众采纳行为的机理讨论

本书在关于 ChatGPT 智能聊天机器人的研究的基础上，通过 Mplus 结构方程模型检验了 TAM 模型在解释中国用户采用 ChatGPT 智能聊天机器人意愿和行为方面的适用性，并分析了个体特征因素在 TAM 模型中的调节作用。结果表明，研究假设 1-4 得到了支持。具体来说，感知有用性（PU）和感知易用性（PEU）都正向影响了用户采用 ChatGPT 的行为意向（BI）；行为意向（BI）正向影响了技术使用（USE）；性别调节行为意向（BI）对技术使用（USE）的影响，尤其对于女性用户来说关系更强；城乡调节感知易用性（PEU）对行为意向（BI）的影响，尤其对于乡村用户来说关系更强；城乡调节行为意向(BI)对技术使用(USE)的影响,尤其对于城市用户来说关系更强;受教育程度调节感知易用性(PEU)对感知有用性(PU)、感知易用性(PEU)对行为意向(BI)、行为意向(BI)对技术使用(USE)的影响,尤其对于受教育程度高的用户来说关系更强。

一、感知有用性(PU)、感知易用性(PEU)、行为意向(BI)、技术使用(USE)的关系

在人工智能技术广泛应用的背景下,开展衡量感知有用性(PU)和感知易用性(PEU)对于用户使用新技术的行为意向(BI)和技术使用(USE)的影响的研究十分重要。本研究的结果表明,感知有用性(PU)和感知易用性(PEU)会影响用户使用 ChatGPT 的行为意向(BI)和技术使用(USE),两者都是决定用户使用 ChatGPT 聊天机器人的重要因素。

首先,研究结果表明,感知有用性(PU)会对 ChatGPT 聊天机器人的行为意向(BI)有显著的正向影响。这一发现与之前的研究结果一致,进一步支持了感知有用性(PU)是影响用户行为意向(BI)的重要因素这一观点。我们可以从人工智能技术的功能层面解释这个发现。作为一项全新的人工智能技术,虽然 ChatGPT 通过与人类进行文字对话的形式来进行交互,但它的功能远远超乎了人们的想象。在实际应用中,它可以生成各种内容,包括创作新闻报道、广告文案、小说等,这使得用户在实际生活和工作中能够感受到使用 ChatGPT 可以发挥的作用非常强大。因此,当用户感觉 ChatGPT 聊天机器人越有用,用户就越有可能增强使用意愿。这一结果对于人工智能研究公司提供产品设计和推广指导也具有意义。它提醒我们,虽然人工智能技术在渗透各行各业的过程中早已被人知晓,但加强产品功能设计与宣传对提升用户的使用意愿仍然至关重要。

其次,感知易用性(PEU)正向影响用户对 ChatGPT 聊天机器人的行为意向(BI),这个结果与 TAM 模型的原始理论基础对应,同时也与过去的相关文献的研究结果一致。我们对这一发现做出了两种可能的解释。第一,ChatGPT 的界面非常简单和直观,用户可以轻松地找到他们需要的信息或答案。这使得用户可以快速了解 ChatGPT 的功能,并开始与它进行对话以

便完成任务。第二，就认知流畅度理论[1]而言，当用户认为在 ChatGPT 中完成一个任务非常容易时，人们会感到更加愉悦和满意。这种感觉会促使用户更频繁地使用 ChatGPT。

再次，路径分析的结果表明，在中国用户使用 ChatGPT 聊天机器人的过程中，感知易用性（PEU）和感知有用性（PU）之间存在显著关系关联，这与之间的发现一致，如果技术易于使用，用户可能会觉得这项技术对个体来说也是有用的。我们可以从认知心理学层面解释这个结果。认知心理学认为，人类的大脑有限，只能处理有限的信息。当 ChatGPT 这项技术对用户来说很容易使用时，会减少用户的认知负荷，因为用户已经掌握了相关信息。更进一步的发现表明，感知有用性（PU）是感知易用性（PEU）和使用 ChatGPT 的行为意向（BI）之间的一个重要中介变量。我们借鉴了既往研究[2]对用户使用动机的分析并做出了阐释，即当 ChatGPT 这项技术对用户来说越容易使用时，个人为了达成目标所需要付出的努力就越少，这意味着使用技术可以完成的工作更多，因此用户对 ChatGPT 使用技术的使用意愿更高。

最后，ChatGPT 聊天机器人的行为意向（BI）会对技术使用（USE）有正向的影响。这与 TAM 模型和之前的一些研究发现一致，进一步验证了行为意图是技术使用实际行为的最直接前因，尤其是在智能聊天机器人研究领域。正如研究者所说，用户对 AI 智能聊天机器的行为意图会增加他们的实际使用行为[3]。因此，提升使用 ChatGPT 聊天机器人的行为意向可以成为增加实际采用行为的最直接有效的方法。此外，Nistor 曾批评道，在以往关于 TAM 模型的研究中，行为意向（BI）-技术使用（USE）的关系未被实证研究充分验证[4]。因此，我们建议未来的研究人员应该继续考虑将实际使

① Csikszentmihalyi, M. (1997). Finding flow. Psychology Today, 30(04), 46 - 50.
② Teo, T. S., Lim, V. K., Lai, R. Y. (1999). Intrinsic and extrinsic motivation in Internet usage. Omega (Oxford), 27(01), 25 - 37.
③ Pillai, R., Sivathanu, B. (2020). Adoption of AI-based chatbots for hospitality and tourism. International Journal of Contemporary Hospitality Management, 32 (10), 3199 - 3226.
④ Nistor, N. (2014). When technology acceptance models won't work: Non-significant intention-behavior effects. Computers in Human Behavior, 34, 299 - 300.

用行为作为 TAM 模型的结果变量,通过自我报告的方式收集用户实际使用技术的情况,以在新的技术环境下充分验证行为意向(BI)和技术使用(USE)之间的关系。

二、人口变量的调节作用

除了测试我们假设的调解模型外,本书还提出了一个关于人口统计学变量在模型中的调节作用的研究问题。

从性别的角度来说,第一,感知易用性(PEU)、感知有用性(PU)对行为意向(BI)的影响没有明显的性别差异。这和以往的研究结果不同。首先,之前的研究表明,与男性相比,女性的感知易用性(PEU)与行为意向(BI)之间的关系更强[①]。而本研究的结果发现,男性和女性对于使用新技术的难易程度都十分关注。这一发现出乎意料,男性对自我效能感的评价可以解释这种有趣的结果。过去的研究表明,在对待新技术时,男性的自我效能感较高[②]。这可能使得男性更倾向于使用他们认为自己能够掌握的技术,因为可以增强他们的自我效能感。所以,男性也非常关注 ChatGPT 技术的易用性,以便个人能够更好地掌握这项技术,从而展示他们的技能和能力。这也使得在感知易用性(PEU)对行为意向(BI)的影响上,没有明显的性别差异。

其次,之前的研究表明,与女性相比,男性的感知有用性(PU)与行为意向(BI)之间的关系更强[①]。我们推断,这可能是因为用户对不同技术的认知可能存在差异。因为之前的研究聚焦在互联网、计算机等电子学习工具的使用行为探讨,而本书聚焦于使用 AI 技术。更进一步的潜在原因可能是,ChatGPT 的功能十分强大,可以理解用户的意图、情感和知识,帮助用

① Terzis, V. , Economides, A. A. (2011). Computer based assessment: Gender differences in perceptions and acceptance. Computers in Human Behavior, 27(6), 2108 - 2122.
② Çoban, E. , Korkmaz, Ö. , Çakir, R. , Ugur Erdogmus, F. (2020). Attitudes of IT teacher candidates towards computer programming and their self-efficacy and opinions regarding to block-based programming. Education and Information Technologies, 25(5), 4097 - 4114.

户回答各种问题，甚至在用户表达了高兴或悲伤的情感后，ChatGPT 都可以做出相应的回应。所以说不管什么性别的用户，只要感知到 ChatGPT 的有用性，就会有比较强的使用意愿。值得注意的是，Belanche 等人在关于 AI 机器人的研究背景下同样没有发现性别在感知有用性（PU）对行为意向（BI）关系中的调节作用①。因此，建议未来有更多的数据来进一步验证此观点。

第二，感知易用性（PEU）对感知有用性（PU）的影响没有明显的性别差异，这与之前的研究发现一致②。我们推断，这或许是因为 ChatGPT 在与用户的互动设计中遵从了心理学契约，也就是说，ChatGPT 在设计上全面考虑了用户的期望和习惯。例如，ChatGPT 会尽可能提供简洁和易于理解的回复以降低用户的认知负荷，这种设计符合心理学契约，因此可以提高用户对 ChatGPT 的有用性认知。所以，面对 ChatGPT 这项新技术，即便性别不同，只要感知到技术易于使用，那么用户就会觉得这项技术是有用的。

第三，行为意向（BI）对技术使用（USE）的影响在性别层面上存在显著差异。具体而言，对于女性用户来说，在采用 ChatGPT 时，行为意向（BI）对技术使用（USE）的正向影响关系更强。这一发现可以从计划行为理论来解释，该理论认为，非个人意志完全控制的行为不仅受行为意向的影响，还受执行行为的个人能力、机会以及资源等实际控制条件的制约。从进化的角度来看，男性和女性在认知、情感和行为方面存在差异，这些差异可能影响他们在实际使用技术时的行为。之前的研究表明，女性在计算机经验和信息技能方面的经验和信心能力较弱于男性③，因此女性在技术领域的工作

① Belanche, D. , Casaló, L. V. , Flavián, C. (2019). Artificial Intelligence in FinTech: understanding robo-advisors adoption among customers. Industrial Management + Data Systems, 119(7), 1411 - 1430.

② Ong, C. -S. , Lai, J. -Y. (2006). Gender differences in perceptions and relationships among dominants of e-learning acceptance. Computers in Human Behavior, 22(05), 816 - 829.

③ Taylor, A. , Dalal, H. A. (2017). Gender and Information Literacy: Evaluation of Gender Differences in a Student Survey of Information Sources. College & Research Libraries, 78(01), 90 - 113.

中可能会面临更多的困难,这可能会导致女性更积极地使用技术来弥补这种差距。所以有理由认为,当女性有 ChatGPT 的使用意愿时,就会更积极地去实际使用它。

　　从城乡的角度来说,城乡调节行为意向(BI)对技术使用(USE)的影响。特别是对于城市用户来说,行为意向(BI)对技术使用(USE)的正向影响关系更强。之前的研究发现,生活在城市的消费者采用新信息技术的可能性比生活在农村的消费者更高①。更进一步从社会认同理论来看,当 ChatGPT 在城市环境中被广泛接受时,城市的人群会更愿意使用它,因为这可以提高他们在社交环境中的认同感。除此之外,城乡在感知易用性(PEU)到感知有用性(PU)、感知易用性(PEU)到行为意向(BI)、感知有用性(PU)到行为意向(BI)的关系中没有调节作用。可能的情况是,在 ChatGPT 使用的背景下,城市和乡村在以上关系中的重视程度并没有差异,至少这种差异并不明显。这些假设值得进一步研究。

　　从受教育程度的角度来说,受教育程度调节感知易用性(PEU)对感知有用性(PU)、感知易用性(PEU)对行为意向(BI)、行为意向(BI)对技术使用(USE)的影响。

　　第一,对于受教育程度高的用户来说,感知易用性(PEU)对感知有用性(PU)的正向影响关系更强。这一发现是合理的。首先,之前的研究表明②,教育水平越高的人越有可能会较多使用信息技术来工作③,并开展寻求专

①　Haggstrom, D. A. , Lee, J. L. , Dickinson, S. L. , Kianersi, S. , Roberts, J. L. , Teal, E. , Baker, L. B. , Rawl, S. M. (2019). Rural and Urban Differences in the Adoption of New Health Information and Medical Technologies. The Journal of Rural Health, 35 (2), 144 - 154.

②　National Science Foundation. (2019). Science and engineering labor force: Educational attainment of the science and engineering labor force. In Science and Engineering Indicators 2019. https://ncses. nsf. gov/pubs/nsb20191/science-and-engineering-labor-force/educational-attainment-of-the-science-and-engineering-labor-force.

③　Yu, X. , Liu, S. (2022). Disparities in Online Use Behaviours and Chinese Digital Inclusion: A 10-Year Comparison. International Journal of Environmental Research and Public Health, 19(19), 11937.

业信息服务等活动①。而 ChatGPT 与这些在线活动的相关性非常大②，并且在完成这些内容上展现了能力与效率，这对于受教育程度较高的人群来说是有用的。因此，对于受教育程度高的用户来说，当感知到技术越容易使用后，越容易觉得技术对个人的帮助更大。

第二，对于受教育程度高的用户来说，感知易用性（PEU）对行为意向（BI）的正向影响关系更强。我们的推断是，根据之前的研究，一个人的受教育水平越高，越愿意以一种工具而不是娱乐的目的来使用信息技术③，所以在决定是否采用该系统时更倾向于强调 ChatGPT 作为日常使用工具的易用性。除此之外，受教育程度在感知有用性（PU）到行为意向（BI）的关系中没有调节作用，这可能是因为具备 ChatGPT 强大的功能，因此不管用户的受教育程度如何，只要感知到 ChatGPT 的有用性，那么在使用意愿方面便没有明显的差异。

第三，对受教育程度高的用户来说，行为意向（BI）对技术使用（USE）的正向影响关系更强。之前的研究表明，教育水平与"新技术很重要，不应错过"的这种重视态度之间存在正相关关系。④ 因此与受教育程度低的用户相比，受教育程度高的用户往往会产生有更强的技术使用行为，因为更容易受到上述个人能力和使用目的的激励。据我们所知，这些结果在之前的 AI 应用研究中尚未显示出来，可能需要进一步的探索。

三、启示

作为一项新兴技术，尽管 ChatGPT 的用户多，但目前仍然发现了一些

① Hargittai, E., Hinnant, A. (2008). Digital Inequality: Differences in Young Adults' Use of the Internet. Communication Research, 35(05), 602 - 621.

② Cascella, M., Montomoli, J., Bellini, V., Bignami, E. (2023). Evaluating the Feasibility of ChatGPT in Healthcare: An Analysis of Multiple Clinical and Research Scenarios. Journal of Medical Systems, 47(01), 33 - 33.

③ V. Shah, N. K. (2001). "Connecting" and "Disconnecting" With Civic Life: Patterns of Internet Use and the Production of Social Capital. Political Communication, 18(2), 141 - 162.

④ Litt, E. (2013). Measuring users' internet skills: A review of past assessments and a look toward the future. New Media & Society, 15(04), 612 - 630.

用户在使用 ChatGPT 时的谨慎态度和犹豫不决①。因此,本书旨在推进用户对新技术接受行为的理解,并通过将 TAM 模型的研究扩展到发展中国家,为 ChatGPT 技术的采纳和接受做出理论和实践贡献。

首先,检查或验证 TAM 模型在涉及不同技术、用户群体和组织背景的研究成果是至关重要的②。与最近许多在发达国家应用 TAM 模型开展 AI 的研究不同③,本书的一个重要贡献是,这是第一个应用 TAM 模型对发展中国家用户接受 ChatGPT 聊天机器人的调查。通过研究表明了 TAM 模型在理解用户对 ChatGPT 聊天机器人接受度上的适用性。

其次,本书通过对 ChatGPT 聊天机器人用户使用意愿和使用行为的驱动因素的调查,发现感知有用性和感知易用性可以预测用户对 ChatGPT 智能聊天机器人的采用意愿和行为,这为人工智能技术的消费者研究和市场营销的研究提供了有用的见解。基于此,在未来传播和推广 ChatGPT 时应重视用户对使用技术的有用性和易用性评价,以提高技术的成功采用率。

最后,在调查 TAM 模型时,一些研究检验了个体特征的差异,尤其是在性别上的差异。但较少有研究强调用户在城乡、受教育程度上的差异。本书的另一个重要贡献是通过人口统计学变量预测出了影响使用差异的突出因素。尤其是,通过这样做,城乡差异被清楚地反映出来。本书阐明了乡村用户在新技术使用意愿上关注的重点,并指出了其决定因素,特别是感知到的易用性。因此,设计师可以开发对乡村用户友好的聊天机器人系统,以便帮助乡村用户消除技术焦虑。此外,受教育程度的差异也显现出来了。受教育程度高的用户往往会在对技术重视的态度驱动下产生实际使用行为,可以使营销人员为不同受教育程度的人群制订独特的推广策略。并且,

---

① Iskender, A. (2023). Holy or Unholy? Interview with Open AI's ChatGPT. European Journal of Tourism Research, 34, 1-11.

② Hu, P. J., Chau, P. Y. K., Sheng, O. R. L., Tam, K. Y. (1999). Examining the Technology Acceptance Model Using Physician Acceptance of Telemedicine Technology. Journal of Management Information Systems, 16(02), 91-112.

③ Cai, R., Cain, L. N., Jeon, H. (2022). Customers' perceptions of hotel AI-enabled voice assistants: does brand matter? International Journal of Contemporary Hospitality Management, 34(08), 2807-2831.

本文支持在未来的 TAM 模型研究中调查个体差异的重要性，研究人员在未来开发和验证 TAM 模型时应该考虑这些问题。

四、局限性和未来的建议

目前的研究还存在一些需要改进的方面。首先，本书在数据收集的过程中采用了用户自我报告的方法。我们建议未来的研究可以尝试去客观收集用户的实际使用行为数据，以进一步验证我们的发现。其次，当前的研究数据是在 ChatGPT 技术起步阶段的采用者中收集的。在技术接受上，随着 ChatGPT 技术的迭代更新以及消费者使用经验的增加，消费者对 ChatGPT 的使用意向和行为可能会发生动态变化，未来可以开展纵向研究以检验当前的结果。最后，本书仅收集了发展中国家的用户使用行为。未来的研究可以对来自不同国家的受访者进行调查，并进行跨文化比较，以考虑在不同文化背景下验证 TAM 模型在 ChatGPT 使用行为中的适用性和理论有效性，这有助于预测更多新兴 ICTs 的未来采用行为。当然，还有其他一些变量在以前的 TAM 模型研究中已经被确认，如初始信任和感知风险、聊天机器人的拟人化特性等，但在本书中没有涉及。在未来的研究中，仍旧可以进一步扩展 TAM 模型，以全面地理解消费者对 AI 技术的采用。

综上所述，本书发现，TAM 模型在解释中国用户采用 ChatGPT 智能聊天机器人意愿和行为上是合适的。详细来说，我们发现感知有用性（PU）和感知易用性（PEU）都与 ChatGPT 用户的使用意向有明显的正相关关系。此外，我们的研究表明，行为意向（BI）是技术使用（USE）的最直接前因。也就是说，提升使用 ChatGPT 聊天机器人的使用意向，对实际采用行为非常有意义。最重要的是，在感知易用性到使用行为的过程中，存在明显的性别、城乡、受教育程度的差异。从学术和实践的角度出发，本研究为人工智能应用领域做出了宝贵的贡献，特别是在用户为何采用 ChatGPT 聊天机器人这一新兴领域。我们的发现了解了用户的需求和个性，这不仅有助于丰富和拓展用户采纳行为的研究内容，还便于优化 ChatGPT 的设计和功能，为推进人工智能技术的应用和发展提供有益的借鉴和参考。

第五章

智媒环境下的舆情风险
与信息感知

在智能媒体环境下,网络舆情的传播呈现出前所未有的复杂性和不确定性。随着社交媒体平台的普及和算法推荐技术的发展,信息传播速度不断加快,传播范围持续扩大,这不仅为舆情监测和风险预警带来了新的挑战,也使得构建科学有效的风险感知模型变得愈发重要。

近年来,突发环境事件频发,其引发的网络舆情往往具有突发性强、传播快、影响大的特点。在这种情况下,如何及时、准确地感知舆情风险,如何有效预警和引导舆论走向,成为亟待解决的重要课题。特别是在新媒体环境下,用户既是信息的接收者,也是传播者,这种双重身份使得舆情的发展轨迹更加难以预测。

面对这样的挑战,传统的舆情监测方法已经难以满足需求。一方面,海量信息的实时处理对技术能力提出了更高要求;另一方面,复杂的传播环境也使得单一的监测指标难以全面反映舆情态势。因此,建立一个综合性的、动态的风险感知模型显得尤为必要。

第一节　舆情信息感知

新媒体环境是利用数字技术和网络技术,通过互联网、宽带局域网、无线通信网、卫星等渠道,以及计算机、手机、数字电视机等终端形成的环境。其在舆情传播方面有着非常重要的作用,因为使用新媒体的用户增多,舆情信息传播的深度与广度也在随之扩大,一旦传播负面舆情信息的影响力超出可控范围,即会引起突发性舆情危机事件。该类事件的发生会导致网民产生恐慌情绪,使用户丧失独立思考的能力,从而产生消极的影响。基于这种情况,需要对突发环境事件做出准确的判断,但是新媒体环境下的网络舆情是一个较为复杂的事物,具有较强的不确定性,增加了网络舆情风险信息感知与引导的难度。为了避免在突发公共事件时用户产生恐慌情绪,以及被错误观点引领,发表不正当言论,需要构建突发环境事件网络舆情风险信息感知模型。

2020 年，Shi 等人提出一种基于双向生成对抗网络（BIGAN）的无监督方法，实现了配电网络在线监测数据的操作风险评估[①]；2021 年，李金泽等人在构建的突发舆情事件情报语料库基础上建立了突发舆情事件感知模型，实现了舆情风向的感知[②]；李树文利用探针捕获网络流量数据包和人工免疫算法构建检测模型，实现了网络安全风险检测[③]；2022 年，曹科才等人构建分数阶微分方程模型，使用参数拟合方法降低了网络舆情系统整数阶数学建模方法的保守性[④]；兰月新等在挖掘舆情传播的核心要素指标的基础上，对网络舆情异常数据进行建模，并提出风险计算方法，实现舆情风险的检测[⑤]。上述模型虽能对风险信息进行感知，但是感知信息源于实验室数据，并非实际数据，容易出现与实际情况差距较大的情况，准确性较低，不能够为事件分析提供帮助。

基于上述情况，本研究设计一个新媒体环境下突发环境事件网络舆情风险信息感知模型，通过舆情主体建模、舆情信息模型建立与网民情感模型建立，计算传播概率，采用 Logistic 回归模型感知风险信息的风险高低，实现突发环境事件网络舆情风险信息感知。

第二节　网络舆情传播核心要素集

目前，我国对网络舆情的研究主要集中在从网络科学与技术的角度开发先进的技术方法和简化数理统计模型，采集和挖掘舆情信息，从而增强网

① Shi X, Qiu R, Mi T B, et al. Adversarial Feature Learning of Online Monitoring Data for Operational Risk Assessment in Distribution Networks[J]. IEEE Transactions on Power Systems, 2020, 35(02): 975-985.
② 李金泽，夏一雪，张鹏，等. 突发舆情事件的情报感知模型研究[J]. 情报理论与实践，2021, 44(10): 119-128.
③ 李树文. 基于人工免疫的网络安全风险检测系统设计[J]. 信息系统工程，2021(12): 40-43.
④ 曹科才，丁冬女，樊亚平. 网络舆情的分数阶精细化建模与应用[J]. 情报杂志，2022，41(01): 113-116+176.
⑤ 兰月新，张丽巍，王华伟，等. 面向风险监测的网络舆情异常感知与实证研究[J]. 现代情报，2022, 42(03): 102-108.

络舆情分析判据的科学性。由于网络舆情在内容上具有复杂性、突变性、对抗性等特点，本研究结合新媒体环境下舆情本身的性质和特点，以网络舆情传播的舆情主体、舆情信息和网民情感三个核心影响要素作为评价指标，建立信息评价指标和影响因素集。

网络舆情的主要关键词为社会、事件、网络、公众、民众、信息、情感、情绪、态度等，本研究据此提炼网络舆情传播核心要素为舆情主体、舆情信息和网民情感，构建网络舆情传播核心要素集为：

$$I = \{S, x, E\} \qquad\qquad 式(5-1)$$

公式中，S 代表舆情主体，x 代表舆情信息，E 代表网民情感。

舆情主体分为一般网民和引导者两类，前者的受众人数多，但是传播的影响力很弱；后者主要包括媒体、政府、网络大 V 等在网络上拥有舆论导向功能的网民，虽然人数不多，但其舆论导向作用巨大。

舆情信息包括发布主体、发布时间、发布内容、转发、评论、点赞和发布网址等。

网民情感分为两类（正面和负面）、三分（正面、中性、负面）和四分（愤怒、厌恶、高兴、悲伤）、七分（愤怒、厌恶、恐惧、高兴、喜好、惊讶）等。

基于上述分析可知，舆情主体、舆情信息、网民情感涉及多个指标，应建立网络舆情信息评价指标体系，并分析影响因素[①]。主要指标如表 5-1 所示。

表 5-1　突发环境事件网络舆情信息流风险评价指标

目 标 层	功 能 层	实 现 层
1	突发环境事件网络舆情信息流生成风险	地区 GDP
		人均收入水平
		和谐度
		网民数量

---

① 温志强，刘楠. 从单向线性到迭代闭环：重大公共决策网络舆情风险研判体系构建[J]. 上海行政学院学报，2021，22(04)：30-42.

目标层	功能层	实现层
2	突发环境事件网络舆情信息流传导扩散风险	点击率
		网站数量
		网民分布省份数量
		职业分布数量
		信息已经持续天数
		突发环境事件议题回复网帖数量
3	突发环境事件网络舆情信息流平复风险	政府舆情响应速度
		回应民众满意度
		民众认可度
		监测平台完善程度
		人员素质水平

其中，突发环境事件网络舆论信息流的风险指数是用来度量突发环境事件后网络舆论信息流出现异常波动的概率。它包含四个现实层面的指数：地区 GDP 数值、地区人均收入水平、地区和谐度、地区网民数量。原因在于，在比较和谐的经济条件下，突发环境事件的网络舆情信息流出现异常波动的可能性较低，反过来则相反。突发环境事件的网络舆情信息流传导扩散风险指数是指突发环境事件中的信息流动的异常波动性、深度和持续时间，它的传导扩散范围越广，主题越深；时间越长，风险越大。因此，具体分为六个指标：主要网站突发环境事件专题点击率、发布突发环境事件专题网站数量、浏览议题网民分布省份、浏览突发环境事件议题网民职业分布数量、舆情信息流已持续天数、突发环境事件议题回复网帖数量。这六个指标能更好地反映突发环境事件网络舆情信息流传播扩散的相关情况。突发环境事件网络舆情信息流平复风险指数是衡量政府在网络舆情信息流蔓延

后,政府导控、平复网络舆情信息流的能力和效率。通常情况下,管理能力越差,管理效率越低,所面临的危险也就越大。它包含五个层次:政府舆情反应速度、政府舆情回应民众满意度、突发环境事件解决民众认可度、监测平台完善度和员工质量。

为简要地分析,将突发环境事件网络舆情信息风险指标集记作 $U = (U_1, U_2, \cdots, U_m)$,将因素集表示为 $F = (F_1, F_2, \cdots, F_n)$,在突发环境事件网络舆情评价指标和影响因素构建后,采用层次分析法[①]确定网络舆情评价指标的权重,并将其记作 $B = (B_1, B_2, \cdots, B_m)$,将风险评价指标的权重记作:

$$\sum_{j=1}^{m} B_j = 1 \qquad\qquad 式(5-2)$$

将评价指标权重矩阵记作:

$$B = \begin{Bmatrix} B_{11} & B_{12} & \cdots & B_{1n} \\ B_{21} & B_{22} & \cdots & B_{2n} \\ \cdots & \cdots & B_{ij} & \cdots \\ B_{m1} & B_{m2} & \cdots & B_{mn} \end{Bmatrix} \qquad 式(5-3)$$

式中, B_{ij} 代表第 i 个专家对第 j 个指标判断后得到的权重。

为保证权重更具科学性,分析各个指标权重之间的相似性,为此对指标权重离散化处理[②],处理后构成相似系数矩阵,将计算公式表示为:

$$M_{ij} = 1 - \sqrt{\frac{1}{n} \sum_{i=1}^{n} (B_{ik} - B_{jk})^2} \qquad 式(5-4)$$

式中, B_{ik} 、 B_{jk} 分别代表第 i 个专家和第 j 个指标加权维数为 k 时的权重。

为更多体现各个信息元素之间的关联性,需要对预警指标充分加权处

---

① 叶琼元,夏一雪,窦云莲,等. 面向突发公共卫生事件的网络舆情风险演化机理研究[J]. 情报杂志,2020, 39(10): 100-106.

② 邓建高,吴灵铭,齐佳音,等. 突发公共卫生网络舆情信息传播博弈分析[J]. 现代情报, 2021, 41(05): 139-148.

理，使得加权矩阵更加稳定[1]，并进行归一化处理。建立样本矩阵：

$$V = \begin{bmatrix} v_{11} & v_{12} & \cdots & v_{1n} \\ v_{21} & v_{22} & \cdots & v_{2n} \\ \vdots & \vdots & \ddots & \vdots \\ v_{m1} & v_{m2} & \cdots & v_{mn} \end{bmatrix} \qquad 式(5-5)$$

式中，v 代表评价参数。

通过上述过程完成评价指标体系的建立，并对指标与影响因素赋予权重，根据样本矩阵，构建网络舆情传播核心要素演化规律模型和传播动力学模型，为后续计算传播概率、确定用户传播信息奠定基础。

第三节　网络舆情传播核心要素演化模型

在上述指标体系的基础上，分析网络舆情传播核心要素演化规律，将网络舆情传播核心要素集[2]记作：

$$I = \{S, x, E\} \qquad 式(5-6)$$

式中，S 代表舆情信息的主体；E 代表网民参与该信息中的情感值。

舆情的主体主要为信息引导的主体[3]，一般是普通的用户。普通用户引导的信息主要包含发文主体、发文时间、信息转发以及信息评论内容，而网民的情感中主要包含正面、中性与负面情感。以上述内容为基础，分析网络舆情演化情况[4]。基于信息全生命周期理论建立网络舆情传播核心要素

① 万立军，郭爽，侯日冉.基于 SIRS 模型的微博社区舆情传播与预警研究[J].情报科学，2021，39(02)：137-145.
② 宋英华，夏亚琼，方丹辉，等.基于改进 SIR 的正负面网络舆情信息传播模型与仿真[J].计算机应用研究，2021，38(11)：3376-3381.
③ 袁媛.面向公共安全风险防控的疫情网络舆情预警研究：以刚果埃博拉病毒为例[J].情报科学，2022，40(01)：44-50.
④ 江志英，李宇洋，李佳桐，等.基于层次分析的长短记忆网络(AHP-LSTM)的食品安全网络舆情预警模型[J].北京化工大学学报(自然科学版)，2021，48(06)：98-107.

演化模型,该周期主要包含精力潜伏期、扩散期与消退期等阶段。

一、建立舆情主体模型

在突发环境事件传播中[①],普通网民会按照自然状态进行信息增长,与传播主体是共生关系,将主体共生模型表示为:

$$\frac{\mathrm{d}s}{\mathrm{d}t} = as\left(1 - \frac{s}{M} + \varphi s\right) \qquad 式(5-7)$$

式中,s 代表普通网民的数量;a 代表网民数量的增长率;M 代表网民的数量最高值;φ 代表网民与舆情事件的共生系数。

二、建立舆情信息模型

在网络舆情正常的传播过程中,发布、转发和评论的舆情信息数量与舆情的受欢迎程度密切相关[②]。将信息传播模型表示为:

$$\frac{\mathrm{d}x_1}{\mathrm{d}t} = r_1 x_1\left(1 - \frac{x_1}{K_1} + kH_i(t)\right) \qquad 式(5-8)$$

式中,r_1 代表信息增长率;K_1 代表信息增长上限;$H_i(t)$ 代表 t 时刻第 i 个专家的受欢迎程度。

三、建立网民情感模型

网络舆情信息传播过程中,将信息分布分为中性、负面、正面三种情况[③],将其记作:

$$x_1 = E_1 + E_2 + E_3 \qquad 式(5-9)$$

① 闫素霞,张晓霞,班秀萍. 基于高校网络舆情的管理模型分析[J]. 数学的实践与认识,2020,50(07):316-320.
② 孙蕾,孙绍荣. 基于行为博弈的重大工程网络舆情传播机制研究[J]. 管理评论,2021,33(10):185-194.
③ 曹海军,侯甜甜. 基于ISM的政务舆情风险影响因素结构关系研究[J]. 湖北社会科学,2021(05):43-51.

信息分布的中性、负面与正面这三种情况与信息发布数量共同构成信息空间，据此构建网络舆情传播核心要素演化模型[①]为：

$$\begin{cases} \dfrac{dE_1}{dt} = c_1 E_1 \left(1 - \dfrac{E_1}{N_1} + \gamma_1 x_1\right) \\[2mm] \dfrac{dE_2}{dt} = c_2 E_2 \left(1 - \dfrac{E_2}{N_2} + \gamma_2 x_1\right) \\[2mm] \dfrac{dE_3}{dt} = c_3 E_3 \left(1 - \dfrac{E_3}{N_3} + \gamma_3 x_1\right) \end{cases} \qquad 式(5-10)$$

式中，c_1、c_2、c_3 分别为情感影响系数；γ_1、γ_2、γ_3 分别为不同情感信息的数量增长率。

上述过程对网络舆情信息中各个主体建立信息模型，得到不同情感信息的数量增长情况。根据情感信息建立突发环境事件网络舆情传播动力学模型，分析网民情感，确定网民对网络舆情的传播概率。

第四节　突发环境事件网络舆情
传播动力学模型

在网络空间中，公共信息的种类主要有 5 种：高风险感知未知者，将其记作 S_1；低风险感知未知者，将其记作 S_2；犹豫者，将其记作 E；传播者，将其记作 I；免疫者，将其记作 R。其中，高风险感知未知者是指没有听说过某一个网络舆情，但是会受到突发环境事件的影响，处在恐慌以及焦虑的状态，从而导致在接收到舆情信息后不能理性判断，以至于盲目传播；低风险感知未知者主要是指没有听说过某一个网络舆情，但是在有网络舆情后能够有一定的理性思考；犹豫者是指接收到网络舆情后，对该信息持有怀疑的态度，并没有进行传播；传播者主要是指正在传播网络舆情的公众；免疫者

---

① 何振，卢坤. 突发事件社会舆情风险生成演化及防控研究[J]. 湘潭大学学报（哲学社会科学版），2020，44(02)：22-26.

主要是指在接收到网络舆情后,没有兴趣,并没有传播虚假信息。基于上述分析可发现,公众风险感知具有差异性与演变性,为此需要制订传播规则,分析传播机理。

（1）当某一个高风险感知未知者接收到某一个传播者发送的舆情信息后,该高风险感知未知者可能因为真假分析变成犹豫者,也可能迫切地将信息分享出去,还可能认为信息与实际情况不符合,成为免疫者。这种状态为状态转移,可表示为:

$$S_{1(i)} + I_{(j)} \xrightarrow{\alpha} E_{(i)} + I_{(j)}$$
$$S_{1(i)} + I_{(j)} \xrightarrow{\beta} I_{(i)} + I_{(j)} \qquad 式(5-11)$$
$$S_{1(i)} + I_{(j)} \xrightarrow{\gamma} R_{(i)} + I_{(j)}$$

高风险感知未知者受到传播者发送过来的信息后一定会得到该信息的内容,所以一定会发生状态转移的情况,所以 $\alpha + \beta + \gamma = 1$,$\alpha$、$\beta$、$\gamma$ 分别为转移情况中产生的概率。

（2）当某一个低风险感知未知者接收到某一个传播者发送的舆情信息后,该低风险感知未知者可能变成犹豫者以及传播者,也可能变成免疫者,这种转移过程可表示为:

$$S_{2(i)} + I_{(j)} \xrightarrow{\lambda} E_{(i)} + I_{(j)}$$
$$S_{2(i)} + I_{(j)} \xrightarrow{\xi} I_{(i)} + I_{(j)} \qquad 式(5-12)$$
$$S_{2(i)} + I_{(j)} \xrightarrow{\eta} R_{(i)} + I_{(j)}$$

该低风险感知未知者同上述高风险感知未知者一样,都会收到传播者发送的舆情信息,从而发生状态转移的情况,所以 $\lambda + \xi + \eta = 1$,λ、ξ、η 分别为转移情况中产生的概率。

（3）当某一个人成为犹豫者后,该犹豫者会查阅相关的资料,一方面,可能觉得该信息是对的,从而变成传播者;另一方面,可能觉得该信息没有实际意义,从而成为免疫者,这个状态转移的过程可表示为:

$$E_{(i)} \xrightarrow{\theta} I_{(i)}$$
$$E_{(i)} \xrightarrow{1-\theta} R_{(i)} \qquad\qquad 式(5-13)$$

（4）当某一个传播者将信息传播给其他人后会受到时间的影响，停止传播，最终成为免疫者，该状态的转移过程可表示为：

$$I_{(i)} \xrightarrow{\varepsilon} R_{(i)} \qquad\qquad 式(5-14)$$

（5）未知者会受到公众对突发环境事件的了解以及发展变化情况的影响，导致未知者风险感知水平发生变化，可能会成为低风险感知未知者和高风险感知未知者，这种转移过程可表示为：

$$S_{1(i)} \xrightarrow{\delta'} S_{2(i)}$$
$$S_{2(j)} \xrightarrow{\zeta} S_{1(j)} \qquad\qquad 式(5-15)$$

根据上述分析能够确定突发环境事件的传播概率，为信息感知奠定基础。

第五节　传播概率与风险信息感知

用户的情绪会受到其他因素的影响，因为在新媒体环境中用户一直在接收信息[①]。戴建华等通过构建网络舆情传播模型，验证分析传播规模的影响因素和舆情主体之间的关系[②]。赵晨阳等人基于 Logistic 模型构建网络舆情多元主体引导共生模型，分析模型的平衡点和稳定条件，验证各因素之间的关系[③]。

---

① 李扬，滕玉成. 政府网络舆情治理融合与政府信息协同效应测度研究[J]. 情报科学，2021，39(12)：113-117.
② 戴建华，周斯琦. 基于有限理性视角的网络舆情传播模型构建[J]. 情报理论与实践，2022，45(02)：176-181.
③ 赵晨阳，张鹏，夏一雪，等. 共生视角下网络舆情多元主体引导模型研究[J]. 现代情报，2021，41(12)：107-120.

当用户收到舆论信息时,他们会受到自己主观想法和其他因素的影响,主要因素包括信息风险感知、用户参与度、公众舆论话题的流行度以及用户朋友的传播。其中,信息风险感知代表用户对该舆情信息的主观感受与评价;用户参与度代表用户根据自己想法,对信息传播的主动性;公众舆论话题的流行度是该信息对用户的吸引力,主要是参与该信息讨论的人数和信息总数;用户朋友的传播情况是用户的从众心理。基于上述分析能够看出,这四个主要影响信息的因素之间相互联系、相互影响。将风险信息用 q 表示,在 0~1 之间取值,如果取值为 0,则代表该信息不存在风险;如果取值为 1,则代表其风险较高,用户不会传播该信息,则该信息传播概率的公式可表示为:

$$P = hg(1-q)e^{[w(t)-1]} \qquad 式(5-16)$$

式中,P 代表舆情信息的总传播概率;h 代表当前情况下该公众舆论话题的流行度;g 代表用户在该信息传播时的参与度;e 代表用户朋友参与传播的数量;$w(t)$ 代表当前时刻正在传播信息的好友数量。

P 与信息传播用户数量相关,如果信息传播用户数量增多,信息感知的风险也会随之增加。可基于上述过程分析舆情传播行为,确定传播概率。根据传播概率,采用 Logistic 回归模型感知风险信息风险。

第六节 网络舆情的风险感知及风险预警

一、风险感知

在风险感知上采用 Logistic 回归模型,该模型能够在多个复杂的指标处理中剔除异常数据点的影响,因为该方法对连续或者离散型变量的处理方法是相同的,并能够得到突发环境事件风险感知的主要因素。在采用该线性回归模型解决因变量问题时,先将事件发生概率与不发生概率之比称为优势[1]。

---

[1] 杨文阳. 基于遗传算法和贪心算法的网络舆情传播优化模型构建研究[J]. 中国电子科学研究院学报,2020,15(11):1057-1064.

$$odds = \frac{P}{1-P} \qquad 式（5-17）$$

为解决因变量问题,需要估计概率,因为同自变量之间存在某种线性关系,将回归模型[21]表示为：

$$logit(P) = \beta_0 + \beta_1 x_1 + \beta_2 x_2 + \cdots + \beta_n x_n \qquad 式（5-18）$$

式中,β代表回归系数。在该模型中,各个变量与$logit(P)$之间为线性关系,服从二项分布,各个变量之间是相互独立的。

在对网络行为的突发环境事件进行风险感知的过程中①,将某一组样本描述为：

$$T = (x_i, y_i)_{i=1}^n \qquad 式（5-19）$$

式中,x_i、y_i分别代表影响风险感知的自变量与因变量。

通过上述计算能够得到感知后风险的高低[23],由于回归模型不是线性模型,不能采用最小二乘法估计,为此采用似然函数求取自变量参数,将某一个事件概率表示为：

$$L(\beta_0, \beta_1, \cdots, \beta_m) = \prod_{i=1}^n p_i^{y_i} (1-p_i)^{1-y_i} \qquad 式（5-20）$$

式中,p_i代表第i个数据的条件概率。通过上述过程依次对参数求偏导,得到待估计的参数。

二、风险预警

在风险感知的基础上,需要对风险进行提前预警。采用决策树进行突发环境事件网络舆情风险预警。不同的突发环境事件会对社会产生不同的影响,为此划分舆论的风险等级,并将划分后的风险等级作为决策树的输出变量。输出变量的定义如表5-2所示。

---

① 滕婕,夏志杰,罗梦莹. 基于新陈代谢 GM(1,N)马尔科夫模型的动态网络舆情危机预测[J]. 情报科学,2020, 38(08)：88-94.

表 5-2　输出变量的定义

预警等级	舆情隶属度	变 量 说 明
一级	重度危害	会引起大规模群体事件,造成极大损失
二级	中度危害	可能会引起较大规模群体性事件,造成恶劣影响
三级	一般危害	存在群体性事件的可能性,无必然性
四级	轻度危害	可能存在恶评、谩骂等轻微伤害
五级	无危害	不存在危害,不用采取任何措施

由于突发环境事件网络舆情数据大多为分类且非二值变量,导致信息损失。为提高决策树的学习效率,分析各个指标权重对最终结果的影响,将其表示为:

$$IF = Bw_i w_{ij} w_{ijk} + \theta \qquad 式(5-21)$$

式中,w_i、w_{ij}、w_{ijk} 分别代表一级指标、二级指标以及末级指标;θ 代表分类系数。

在决策树算法中,计算信息发出之前的先验概率,公式如下:

$$E(U) = \sum_{i=1}^{n} P(u_i) \log_2 \left(\frac{1}{P(u_i)} \right) \qquad 式(5-22)$$

式中,u_i 代表信息源发出的信息。

同时,信息在传输时会受到噪声的影响,为消除信息传递时的不确定性,采用下述公式处理:

$$Gain(U, V) = E(U) - E(UV) \qquad 式(5-23)$$

式中,$E(U)$、$E(UV)$ 分别代表噪声消除前后的信息增益值。

由于数据较多,需要采用决策树的剪枝法处理,将该决策树的误判率表示为:

$$K = \left(\sum_{i=1}^{n} e_i + 0.5L \right) / \sum_{i=1}^{n} n_i \qquad 式(5-24)$$

式中，L 代表叶子节点；n_i 代表第 i 个叶子节点中样本的总数量。

满足上述条件后，用叶子节点替换子树，替换后修剪决策树，提高数据的决策能力，不断迭代计算，直到将所有的数据计算完成，即完成新媒体环境下突发环境事件网络舆情的风险感知和风险预警。

第七节　风险监测的感知模型实验效用比较

以实际发生的突发环境事件网络舆情为实验对象，并将文献[1]构建的面向风险监测的感知模型、文献[2]构建的突发舆情事件的情报感知模型与本文所构建模型进行对比，对比三个模型在不同场景下的应用效果。

一、实验内容

此次实验研究共分为两个部分，第一部分实验为采用三种方法分析疫情事件舆情情感的演化情况，主要包含参与者的消极情绪比例、积极情绪比例以及没有参加评论的比例。第二部分实验以多个突发环境事件为研究对象，以数量为指标，与实际微博转发数量对比，分析不同方法的感知情况和预警准确率，从而反映本研究方法的感知效果。分析关注、转发以及评论这些数据的人数，第二部分实验中事件爬取条数如表 5-3 所示。

表 5-3　实验事件

序　号	事　件	微博条数/条
1	春天有多浪漫	12 041
2	大军师司马懿之军师联盟	12 035
3	子君认错贺涵	20 214
4	HPV	15 254
5	没有工作的一年	23 654

续　表

序　号	事　　件	微博条数/条
6	长沙摘星	50 147
7	智飞生物	62 014
8	打工人有多卷	70 241
9	大侦探	10 251
10	某地疫情	35 481
11	油价	78 521
12	女演员工伤	42 012

二、实验结果分析

分析疫情背景下疫情事件舆情情感的演化情况,对比结果如图 5 - 1～图 5 - 3 所示。

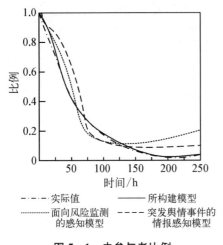

图 5 - 1　未参与者比例

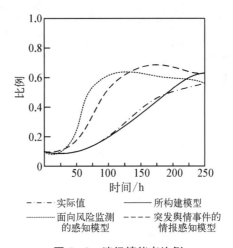

图 5 - 2　消极情绪者比例

分析图 5 - 1～图 5 - 3 可知,三种模型对未参与者的信息感知结果与实际值相差较小,其主要原因是未参与者对目标事件持中立态度,不发表积极或消极的评论,因此其感知结果虽有一定偏差,但与实际值相差较小。而面对

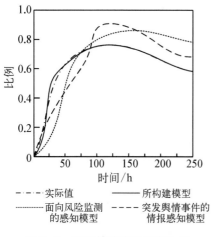

图5-3 积极情绪或无感者比例

消极情绪者、积极情绪或无感者两类对象，两种对比模型在信息感知方面与实际数据存在一定差距，感知精度不够稳定，然而所构建的模型对不同情绪的用户感知情况与实际趋势基本一致，证明所构建的感知模型能够准确模拟此次事件中舆情情感的演化情况，并对其进行分析。其主要原因是所构建模型建立了网络舆情传播核心要素演化模型，明确了演化规律，因此可以通过感知用户的情绪来准确感知舆情情感的演化情况。

第二部分风险感知情况的实验结果如表5-4所示。

表5-4 微博转发数量对比 单位：条

序号	实际转发数量	所研究方法感知数量	面向风险监测的感知模型感知数量	突发舆情事件的情报感知模型感知数量
1	1 145	1 145	1 235	1 120
2	2 534	2 536	2 354	2 530
3	2 568	2 569	2 456	2 510
4	9 842	9 848	9 852	9 852
5	1 254	1 255	1 221	1 230
6	3 654	3 654	3 621	3 620
7	1 254	1 255	1 220	1 204
8	7 521	7 522	7 512	7 514
9	5 689	5 688	5 624	5 621
10	5 624	5 628	5 632	5 642
11	1 258	1 258	1 230	1 202
12	3 684	3 686	3 698	3 607

基于表5-4可知,所构建模型应用下感知的转发数量与实际转发数量相差较小,最大相差数量低于10条。说明采用本文方法构建的模型对微博转发数量的感知效果较好;而两种对比模型与实际转发数量相差较大,说明感知效果较差。由此证明了所构建模型利用Logistic回归方法具有一定的有效性。

第二部分中风险预警的实验结果如表5-5所示。风险预警即为筛查微博中恶意评论的数量。

表5-5　微博恶意评论数量对比　　　　　　　　单位:条

序号	实际恶意评论数量	所研究方法恶意评论数量	面向风险监测的感知模型感知恶意评论	突发舆情事件的情报感知模型感知恶意评论
1	951	950	924	912
2	932	930	902	920
3	845	844	821	823
4	1 102	1 100	1 024	1 025
5	1 026	1 025	1 022	1 052
6	845	846	822	854
7	963	968	935	955
8	785	784	774	774
9	1 021	1 023	1 028	902
10	1 031	1 035	1 056	1 086
11	951	954	905	912
12	458	456	410	489

基于表5-5可知,所提出的突发环境事件网络舆情风险信息感知模型在微博恶意评论预警上,与实际恶意评论条数相差最多不超过5条,而另外两个模型预警的恶意评论条数与实际恶意评论条数相差数量均较大。说明本文构建的模型通过决策树算法可以预警恶意评论的发展动态,说明决策

树模型具有一定的有效性。

在网络舆情的发展过程中，负面信息较多会引起用户恐慌，为此本研究通过建立突发环境事件网络舆情信息流风险指标集，明确网络舆情传播核心要素演化规律，并采用 Logistic 回归模型感知风险信息风险高低后，结合决策树算法实现舆情风险预警。基于上述过程完成了新媒体环境下突发环境事件网络舆情风险信息感知模型的构建，实验结果表明，所研究的模型具有较高的感知准确性和预警能力。通过此模型能够很好地处理突发状况，使网民在遇到突发环境事件时保持理性，以有效扭转舆情演化的方向。本研究的不足之处在于需要构建的模型过多，在后续研究中需要优化模型并分析信息感知的影响因素，为相关领域提供帮助。

第六章

智能时代的情绪传播和社会治理

网络平台已成为基层民众参与社会治理议题讨论、积极表达个人观点及汇聚多元利益诉求的高效平台。这一平台不仅极大地促进了民间智慧的交流与碰撞，还引领政府治理模式向更加开放、包容的"合作共治"方向迈进①。然而，网络公众话语平台的匿名性和开放性特性也带来了显著的挑战。在热点问题的讨论中，部分网络用户易受群体情绪影响，采取情绪化乃至非理性的表达方式，导致群体极化现象日益显著。这不仅加剧了网络空间中的情绪对立，还可能为虚假信息的滋生提供土壤，使社会议题偏离理性讨论与问题解决的正确轨道②。

作为社会治理体系中的重要一环，流浪动物治理的复杂性不言而喻，涉及社会治理、动物福利及公众安全等多个方面。流浪动物可能带来的扰民、伤人及疾病传播等风险，使其成为城市治理中亟待解决的关键议题。近年来，流浪狗扑杀与保护问题频繁在网络平台上引发广泛争议，再次凸显了这一社会议题的紧迫性。从四川罗威纳犬咬伤女童的惨剧到重庆高校流浪狗被驱赶致死的事件，公众情绪迅速在网络上蔓延，形成了鲜明的观点对立与情感极化。政府对此类事件的迅速反应包括清理网络恶意信息、维护网络健康生态，不仅彰显了其对网络舆论的高度重视，更为我们深入研究网络公众话语平台上情绪传播机制及其对社会治理的影响提供了宝贵的契机。

基于此，本书选取微博公众平台上关于"流浪狗捕杀"的讨论作为典型案例，运用文本挖掘与情感计算技术，深入剖析公众在社交媒体上发表的意见与讨论内容。本书将聚焦于文本主题的精准识别、情绪分布的细致描绘以及情绪感染现象的深入剖析，旨在探讨以下几个核心问题：在网络公众话语平台上，公众对于流浪狗捕杀问题的情感与情绪是如何随时间演变并

---

① 祝阳，王欢. 网络民意对社会治理的影响[J]. 郑州大学学报(哲学社会科学版)，2019，52(05)：37-40+127.

② 李杨，金兼斌. 网络舆论极化与科研人员对科学传播活动的参与[J]. 现代传播(中国传媒大学学报)，2019，41(03)：32-37+42.

相互作用的？这种情感演变的背后隐藏着哪些深层次的社会心理动因？不同议题又是如何触发特定的情感反应，进而对公众的认知与态度产生影响的？这些研究将有助于我们把握网络舆论传播的关键要素，最终为提升社会治理的精准性与有效性提供坚实的科学依据。

第一节　网络舆论生态与情绪传播

一、作为"情绪减压阀"的网络舆论生态

舆论，作为公众对现实社会及其各类现象、问题所持信念、态度、意见与情绪表达的综合体现[①]，其在网络空间中的延伸——网络舆论，特指公众借助网络平台发表的对社会现象及问题的共同看法，其中，情绪因素被部分学者特别强调，认为网络舆论是在特定时间和空间内，通过互联网平台汇聚的各种态度、观点与情绪的总和[②]。网络舆论处于持续动态变化的过程，它在网民、媒体与政府的共同参与和推动下，能够显著提升社会问题的关注度，促使这些问题进入公共决策领域，成为影响社会治理的重要因素[③]。

然而，网络舆论的双面性不容忽视。针对某一社会问题，网民群体往往自带初始偏向，在网络空间中通过交流与讨论，这些偏向可能进一步加剧，形成极端化的观点[④]。网络舆论的这种负面偏好实则根源于深层次的社会动因及复杂的心理效应，在一定程度上为公众提供了情绪宣泄的出口，缓解了部分网民的情绪压力，扮演着社会"情绪减压阀"的角色。

但正如研究者所说，若任由不顾事实真相、一味进行负面评价的风气在

① 谢耘耕，李丹珉. 新环境下舆论与社会治理关系的反思与重构[J]. 湖南师范大学社会科学学报，2021，50(01)：128－134.

② Cao, X. , Zhang, X. , Liu, L. , Fang, K. , Duan, F. , Li, S. (2014). Analysis of public opinion heats of emergencies based on response level. China Management Science，22，82－89.

③ Huang, B. (2020). Analyze the influence of internet public opinion on public policy. Open Access Library Journal，7(08)：1.

④ 相喜伟，王秋菊. 网络舆论传播中群体极化的成因与对策[J]. 新闻界，2009(05)：94－95.

网络舆论中蔓延，不仅会破坏社会共识的凝聚，还可能对构建健康、理性的舆论生态造成不利影响。因此，在利用网络舆论作为情绪释放渠道的同时，也需警惕其潜在的负面影响[1]。

为深入探究网络舆论的传播机制与内在动力，文本挖掘与分析方法成为重要工具。通过对这些方法的应用，我们可以对海量的文本数据进行主题识别、情感分类等处理，进而追踪相关话语随时间的变化轨迹[2]。基于此，本研究将借助情绪计算与文本挖掘技术，对涉及社会治理问题的网民意见帖进行深入分析，以期为社会治理的精准施策提供科学依据。

二、公众话语平台上的情绪传播

情绪，作为由特定刺激触发的强烈心理体验，能够驱动特定的行为反应，并通过个体对周围环境的主观感知衡量[3]。在社交媒体这一虚拟世界中，情绪同样具有传播性，即从一个用户向另一个用户蔓延，此现象被形象地称为"情绪传染"[4]。情绪传染不仅深刻影响个体的思维与行为模式，其后果往往超出个人感知范畴[5]，对现实社会的多个领域，如民意形成、股市波动、政府决策及灾害管理等产生深远的影响[6]。研究表明，在社交媒体上，蕴含情绪的信息往往传播更为迅速，那些触发喜悦、悲伤、愤怒等强烈情

---

[1] 李彪. 网络舆论表达"负面偏好"的生成机制及治理路径[J]. 人民论坛，2021(17)：102 - 105.

[2] Wells, C., Shah, D. V., Pevehouse, J. C., Foley, J., Lukito, J., Pelled, A., Yang, J. (2019). The Temporal Turn in Communication Research: Time Series Analyses Using Computational Approaches. International Journal of Communication (19328036), 13.

[3] Li, S., Scott, N., Walters, G. (2015). Current and potential methods for measuring emotion in tourism experiences: A review. Current issues in Tourism, 18(9), 805 - 827.

[4] Hill, A. L., Rand, D. G., Nowak, M. A., Christakis, N. A. (2010). Emotions as infectious diseases in a large social network: the SISa model. Proceedings of the Royal Society B: Biological Sciences, 277(1701), 3827 - 3835.

[5] Barsade, S. G., Coutifaris, C. G., Pillemer, J. (2018). Emotional contagion in organizational life. Research in Organizational Behavior, 38, 137 - 151.

[6] O'Connor, B., Balasubramanyan, R., Routledge, B. R., Smith, N. A. (2010). From tweets to polls: Linking text sentiment to public opinion time series. In International AAAI Conference on Weblogs and Social Media (Vol. 11).

感的内容更容易吸引用户关注与转发①。

在学术研究的脉络中，情绪传播分析大致沿三条路径展开：一是现象描述，分析情绪化内容在不同事件类型中的传播特征②；二是归因分析，基于情绪认知理论，探讨外部刺激、个体需求与情绪反应之间的复杂关系③；三是模型构建，探讨建立情绪感染的动力学模型，试图模拟情绪在时间维度上的演进过程等④。

本书将采用现象描述与模型构建相结合的研究方法，立足于时间序列的视角，深入剖析微博平台上各类话语主题下民众情感与情绪的动态分布特性，并进一步探究这些情感与情绪如何影响帖子的传播效果及其扩散机制。

三、公众话语的情感分布机制

既往关于社交媒体用户情绪的研究多聚焦于单一事件的情绪分析或算法优化，较少将用户情绪变化与话语主题属性的演变相结合，从时间序列视角深入探究其动态关系。然而，在公众话题传播扩散的过程中，不同话语主题的影响力与传播范围存在显著差异。例如，在突发公共安全事件中，微博文本的数量、主题与情绪均随时间推移而波动，反映自然灾害各阶段的发展特征⑤；而在紧急社会安全事件中，新话语主题的涌现能迅速吸引用户注意，使旧主题的关注度下降，且用户在不同主题下表达的情感与情绪截然不同⑤。

此外，回顾文献，虽有学者认识到社交媒体用户通过风险感知促进行为

---

① Wang，J.，Wei，L. (2020). Fear and hope, bitter and sweet: Emotion sharing of cancer community on twitter. Social Media+ Society，6(1)：1-12.
② 郑昱. 突发公共事件中舆论信息传播倾向的影响因素：基于民众负性情绪的研究视角[J/OL]. 情报理论与实践，2017，40(07)：80-87.
③ 赖胜强，张旭辉. 网络舆情危机事件对网民情绪传播的影响机理：基于D&G辱华事件的扎根理论研究[J]. 现代情报，2019，39(09)：115-122.
④ 张亚明，何旭，杜翠翠等. 负面情绪累积效应下网民群体情绪传播的 IESR 模型研究[J]. 情报科学，2020，38(10)：29-34.
⑤ Gu，M.，Guo，H.，Zhuang，J. (2021). Social media behavior and emotional evolution during emergency events. In Healthcare，Vol. 9，No. 9，p. 1109.

改变,从而在危机预防中发挥作用,但现有研究多集中于认知维度,如信息内容与传播行为,忽视了情感维度的关键作用。即便在探讨情感影响传播行为的研究中,也多以自然灾害、公共卫生事件为主,鲜少涉及社会治理事件。

鉴于此,本书将选取"流浪狗治理"这一具有长期性、高情感浓度及多样化情绪类型的突发公共治理事件为案例,将帖子长度、情感与情绪、话语主题等纳入分析框架,旨在探讨何种情绪类型的帖子在传播中更具影响力,以及这些影响力在不同话语主题下的变化规律。

第二节 情绪传播的研究方法

一、数据来源

本书聚焦于微博公众平台上关于"流浪狗捕杀"问题的公众话语,旨在分析该话题下的情绪分布与传播特性。为确保分析结果的直观性和精确性,本书将文本挖掘与情感计算作为核心技术手段。首先,通过数据抓取技术收集相关的帖子,随后运用 LDA(latent dirichlet allocation)主题模型对收集到的文本进行深入分析,以有效提取舆情热点与关键话语主题。在此基础上,本书进一步采用层次回归分析方法,深入探究不同话语主题下公众讨论意见帖的传播效果及其内在规律,从而揭示"流浪狗捕杀"问题在社交媒体中的传播动力与影响机制。

具体来说,本书聚焦于微博平台上一个极具争议性的话题——捕杀流浪狗,该话题在选定期间内(2023 年 10 月 18 日至 12 月 16 日)的阅读量高达 7 096.4 万次,并引发了 6.4 万次讨论。为了深入分析这一话题,我们全面爬取了该时间段内与此话题相关的所有帖子,所收集的数据详尽地涵盖了用户昵称、帖子正文内容、点赞数、转发次数、评论数量以及帖子链接等关键信息。

随后,本书利用 Python 中的正则表达式("re"模块)对收集到的文本进行了细致的清洗工作。清洗过程中,本研究移除了话题标签、形如"回复@

［用户昵称］："的回复标识、无用的停用词如"转发微博"和表情符号，并处理了正文中过多的空格，以确保文本内容的纯净度和一致性。经过这一系列处理后，本书成功获得了 306 条高质量的帖子。

由于中文词语间的不自然分隔，数据采集与预处理阶段后，需执行中文分词处理。本书选用了 Python 的"jieba"库来进行中文文本的分割，同时，借助大连理工大学提供的停用词库（cn_stopwords），我们进一步剔除了那些常见却对情感分析贡献度低的词汇，以期获得更为精准的情感统计结果。

二、研究方法

（一）情感分析法

为了深入理解帖子所蕴含的情感倾向，本书采用了 SnowNLP 情感分析包对帖子进行情感极性打分。此分数越高，表示帖子的情感越积极。本书以 0.5 为分界点，将帖子划分为积极与消极两大类，并分别进行统计。此外，借助 Python 中的 cnsenti 中文情感分析库，本书将帖子所蕴含的情感进一步细化为好、乐、哀、怒、恐、恶、惊七大情绪类别，以探讨这些情绪在时间序列上的演变趋势，并研究它们如何影响帖子的传播效果。

（二）LDA 模型分析法

为了揭示公众讨论的核心议题及其动态变化，本书运用了潜在狄利克雷分配（LDA）模型。该模型作为一种先进的贝叶斯概率模型，通过"文档-主题-词"三层结构，有效地挖掘出各个帖子中的关键词，进而分析出不同的舆论主题。本书利用 LDA 模型追踪这些主题随时间的演变情况，并深入分析每个主题下的情感分布情况，以全面把握公众讨论的动态与情感倾向。

（三）因子分析法

为了科学地评估帖子的传播效果，本书采用了因子分析法。该方法通过提取点赞量、评论量、转发量三个关键变量的公因子，并进行加权平均，构建了一个综合评价指标。与主成分分析相比，因子分析法在保留数据的重要信息的同时，更注重对变量背后潜在因素的解释，使得结果更具解释性和实际意义。通过因子分析，本书得到了一个与初始假设评价体系相吻合的公因子,为评估帖子的影响力提供了可靠依据。

三、模型构建

本书聚焦于流浪狗治理话题在社交媒体上引发的公众讨论,旨在深入探讨影响此类事件相关信息在社交媒体平台上的传播效果的关键因素。通过构建层次回归模型,本研究旨在为社会治理事件发生后如何有效引导公众舆论、优化政府管理策略提供科学依据和实用建议。

在模型构建中,本研究将选取帖子的长度、情感极性(积极或消极),以及基于好、乐、哀、怒、恐、恶、惊七大类的情绪类别作为自变量,这些变量从不同维度反映了帖子内容的特性和情感倾向。同时,传播效果被设定为因变量,用于衡量帖子在社交媒体上的扩散程度和影响力。

为了进一步揭示传播效果背后的复杂机制,本书还将话题类型因素纳入模型,作为调节变量进行分析。通过考察话题类型如何调节自变量与因变量之间的关系,本研究期望能够更全面地理解社交媒体帖子传播效果的影响机制,为相关政策制定和舆论引导提供有力的理论支撑。

在上述研究模型中(见图6-1),本书设定了以下具体的研究假设,以深入探讨社交媒体上帖子传播效果的多元影响因素。

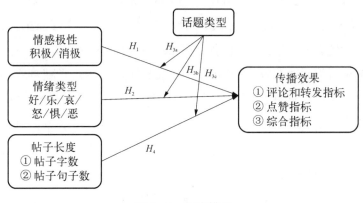

图 6 - 1　研究模型

H_1:帖子的情感极性越倾向于积极,其在微博平台上的传播效果越显著。

H_2：微博平台上，不同情绪类型的帖子展现出传播效果的显著差异，具体表现为某些特定情绪能够增强或削弱帖子的传播能力。

H_3：公众讨论的话语主题类型对帖子在微博平台上的传播效果具有显著的调节作用。

H_{3a}：不同的话语主题类型会以不同方式影响积极与消极情感极性帖子的传播效果。

H_{3b}：不同话语主题会细化地调节基于好、乐、哀、怒、恐、恶、惊等具体情绪类型帖子的传播效果。

H_{3c}：公众讨论的话语主题类型会对帖子内容的长度（如字数和句数）与传播效果之间的关联性产生调节作用。

H_4：在排除其他干扰因素的情况下，若适当增加帖子的字数与句数，可能会提升其在微博平台上的传播效果。

第三节　网络公共话语主题分析

一、话题主题 LDA 聚类

本书对收集的关于流浪狗问题的微博讨论内容进行了 LDA 主题聚类分析，将相关讨论归纳为三个核心主题。在对比三类主题的数量占比时，我们可以清晰地看到，关于人与流浪动物权利的讨论占据了最大的比例，反映了公众对于流浪动物保护及其与人类关系的深刻关注。紧随其后的是对政府监管和法律制定问题的呼吁，体现了公众对于流浪狗问题治理中政府角色和法律框架的期待与要求。虽然"流浪狗捕杀"事件中的意识对立与观念冲突是不可忽视的一部分，但在数量上相对较少，主要揭示了不同群体在流浪狗处理策略上的分歧与碰撞。

具体来说，第一个主题聚焦于"流浪狗引发的人身安全挑战与法律应对"。这一主题紧密围绕流浪狗可能导致的咬人事件，以及公众对于政府如何制定法律措施以保障人身安全的关注。关键词，如"政府""法律""咬伤"及"保护"频繁出现，凸显了流浪狗问题中社会治理和法律框架构建的重要性,同时也反映了公众对于流浪狗可能带来的安全风险的高度警惕。

　　第二个主题转向更深层次的探讨——"人与流浪动物权利的交织对话"。该主题广泛涵盖了人类与流浪狗之间的复杂关系,包括流浪狗的权利认知、是否应捕杀的伦理争议,以及人类与流浪动物和谐共存的可能性。关键词如"人类""动物""生命"及"主人"等,不仅触及动物福利与伦理道德的议题,还揭示了公众对于这一议题的多元思考和深刻反思。该主题以44%的占比,成为社交媒体上讨论最为热烈的部分,显示了社会对此类问题的广泛关注和深入思考。

　　第三个主题则直接对准了"捕杀争议与流浪狗保护的呼吁"。这一主题下,支持者与反对者就捕杀流浪狗的行为展开了激烈辩论,同时也有大量声音在为流浪狗发声,呼吁社会各界关注并保护这一弱势群体。关键词如"捕杀""争论""发声"及"流浪"等,不仅展现了公众对于捕杀行为的复杂情感和不同立场,也强烈传达了对于流浪狗命运的深切关怀和积极的行动意愿。这一主题占比26%,表明尽管存在分歧,但公众对于流浪狗保护问题的关注度依然很高。

　　特别值得注意的是,在第三个主题中,"爱狗"一词虽在常规语境下常含正面情感,但在此讨论中往往与指责某些人的伪善行为(即空有爱狗之名而无实际行动)相关,这一现象进一步丰富了讨论的内涵,也揭示了社交媒体话语的复杂性和多面性。

二、话题主题的情感分布

　　从不同主题下的情绪分布态势来分析,三个主题帖子的情感倾向呈现出一定的共性,即好与恶的情绪占据了较大的比例,约达到70%,而表达喜悦(乐)和恐惧(惧)的情感帖子则相对较少。然而,在深入对比各主题的情绪特征时,我们也可以发现一些不容忽视的差异(见表6-1)。

　　在流浪狗治理中涉及人身安全和法律制定问题的主题中,公众情绪中乐与怒的成分相对更为突出,可能反映了公众对于安全问题的重视以及对法律制定过程中可能存在的争议和不满。

表 6-1　各个主题中的情绪分布比例　　　　　　单位：%

情绪分类	流浪狗治理中涉及的人身安全和法律制定问题	关于人与流浪动物权利的讨论	对捕杀的争论与为流浪狗发声
好	31.73	37.88	45.45
乐	2.88	2.23	0.45
哀	12.02	14.21	7.73
怒	12.98	6.41	4.09
惧	2.88	3.34	3.18
恶	37.50	35.93	39.09

在关于人与流浪动物权利的讨论这一主题中更多地涌现出哀与惧的情绪，体现了公众对于流浪动物命运的同情与担忧，以及对人类与动物关系深层次问题的思考。

至于对捕杀的争论与为流浪狗发声的主题，其情绪分布则更加复杂，呈现出好与恶相互交织、对立情绪明显的特点。这种情绪分布与该主题下观念的多元性和争执的激烈性高度吻合，反映了不同群体在流浪狗捕杀问题上的深刻分歧与激烈交锋。

第四节　网络公共话语情感传播分析

一、情绪分布类型分析

本书对从文本数据中提取的各类情绪进行了时间维度上的可视化处理，具体结果如图 6-2 所示。在此过程中，我们注意到惊这一情绪在整体文本中的占比极低，因此，为了保持分析的聚焦性和有效性，我们决定在后续的深入研究中不将惊这一情绪纳入分析范围。这样一来，我们可以更加集中地探讨其他主要情绪类型在时间序列上的分布与变化趋势。

观察上述各类情绪随时间分布的趋势图，我们可以发现几个显著特点：

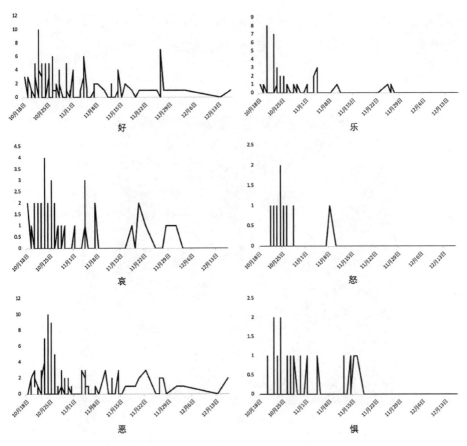

图 6-2　各类情绪随时间变化的分布趋势图

好与恶这两种情绪几乎贯穿了整个研究时间段,显示出较强的持续性和普遍性;惧、怒及哀这三种情绪则相对集中地出现在 10 月中旬至 11 月中旬,表明该时段内公众的情绪较为波动;乐这一情绪则占比较低,且随时间推移呈现出递减的趋势,可能反映了话题本身的严肃性对正面情绪的抑制作用。

二、情绪类型的相关分析

为了进一步探究各类情绪之间的内在联系,本书采用了皮尔逊(Pearson)相关系数 r 进行相关性检验。r 值的取值范围在 $-1 \sim 1$ 之间。当 r 为正数时,表明两个变量之间存在正相关关系;当 r 为负数时,则表明两个变量之间存在负相关关系。r 的绝对值越大,意味着两个变量之间的相关程度越密切。在此过程中，本书识别出几组情绪之间存在着显著的相关性（见图 6－3），具体包括好与恶、好与惧、乐与惧以及乐与恶等组合。

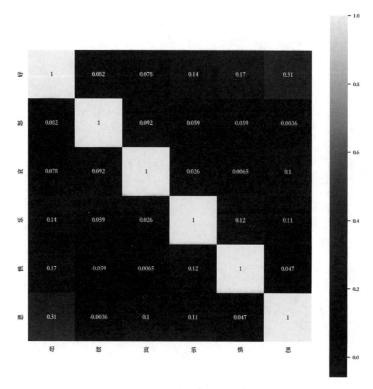

图 6－3 "捕杀流浪狗"话题下的情绪相关性分析图

为了清晰地展现这些情绪间的复杂联系，本书挑选了其中具有代表性的、相关情绪值较高的帖子进行深入剖析。通过细致阅读这些帖子的文本内容，我们观察到，由恶这一情绪主导的帖子大多紧密围绕"捕杀流浪狗"事件展开，字里行间流露出强烈的不满、痛心疾首等深层情感。例如，有帖子呼吁"不要让善良的人心凉，让阴暗恶毒的人猖狂"，或是感慨"幸亏没有生活在这个狗患成灾的时候"。这些帖子不仅反映了公众对该事件的情感共鸣，也承载了个人情感宣泄与观点表达的重要功能。

包含"惧"这一情绪的帖子则更倾向于针对流浪狗治理事件的核心议题进行深入探讨，字里行间透露出对问题根源的深切忧虑与深刻追问。例如，这些帖子聚焦于人类的不当饲养、不负责弃养、恶意繁殖等错误行为导致的流浪狗问题,以及直接谴责那些养了宠物却不负责任,随意抛弃它们的人。这些帖子不仅引发了公众的广泛共鸣与深入思考,还在推动社会关注、促进治理问题的有效解决方面发挥了积极的促进作用。

三、情感分布的时间序列分析

如图6-4所示,关于"捕杀流浪狗"话题的相关帖子,积极情感占据了压倒性的主导地位,占比高达86％,这一比例显著超越了负面的情感。然而,从情感在时间序列上的演变趋势来观察,尽管积极与消极情感相互交织、并存不悖,但整体而言,积极情感占据了主导地位,形成了以正面情绪为主流,两者又相互交错、互为影响的复杂情感格局。

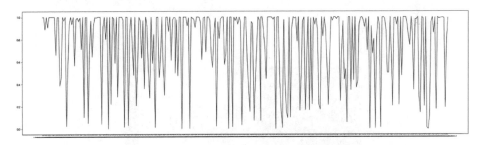

图6-4　时间序列维度下帖子的情感分布图

这种独特的情感分布格局反映了公众对于该话题的复杂情感:一方面,公众普遍表现出对流浪狗问题的深切关注与积极寻求解决方案的强烈意愿;另一方面,其中也不乏对特定处理措施的质疑、深切担忧乃至不满。这两种情感相互交织、并存,共同构成公众对于"捕杀流浪狗"话题的情感图景。

第五节　网络公共话语传播效果的影响因素

一、构建传播效果评估体系

在构建以点赞、评论、转发为指标体系的评价框架时,本书进行了因子分析的可行性检验。具体而言，通过计算得到的 KMO 值为 0.604，该值大于 0.6 的阈值，表明所选指标之间的偏相关性较强，适合进行因子分析，从而验证了语句效度的良好性。此外，巴特利特球形检验的结果显示，p 值小于 0.05（具体为 0.00），这一高度显著的统计结果说明了原变量之间确实存在相关性，符合因子分析的前提要求。

为了确保每个变量在其中一个公共因子上具有显著载荷，而在其他公共因子上的载荷相对较小，从而能够给出具有实际意义的合理解释，我们采用了方差最大法对因子进行了正交旋转。我们依据特征值和方差贡献率的标准选取了因子个数。具体而言，我们选择了特征根大于 0.7 的因子，这样的因子共有两个，它们的累计方差贡献率达 0.91，表明这两个因子能够很好地解释原始变量的信息。因此，我们确定最适合的因子提取个数为两个，并得到了相应的成分矩阵如图 6-5 所示。

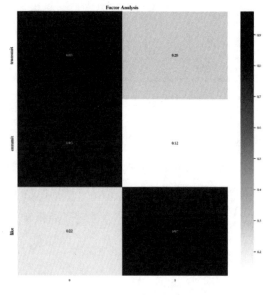

图 6-5 因子载荷

从图 6-5 的因子分析结果可以清晰看出，第一个公共因子 F_1 在评论与转发相关语句上的载荷分别高达 0.88 和 0.93，鉴于其显著影响这两个方面的指标，我们将其命名为"评论转发因子"。第二个公共因子 F_2 则主要聚焦于点赞量,其载荷值为 0.97,表明对点赞量有极强的代表性,因此被命名为"点赞因子"。

为了综合评估帖子的传播效果,我们以旋转后各公共因子的方差贡献率作为权重,对这两个因子进行加权求和。具体而言,将每个因子的方差贡献率除以所有因子方差贡献率的总和,得到各自的权重,然后分别乘以对应的因子得分,最后求和得到衡量帖子传播效果的综合得分指标 F:

$$F = \frac{0.56 \times F_1 + 0.35 \times F_2}{0.91} \qquad 式(6-1)$$

这一过程有效地整合了评论、转发和点赞三个维度的信息,为评估帖子的整体传播效果提供了科学依据。

二、层次回归模型构建与分析

在构建层次回归模型之前,本研究基于 LDA 的聚类结果,将主题类型这一类别变量转换为虚拟变量形式,以确保其能够适用于回归分析。同时,对其他连续变量进行了标准化处理,以消除量纲差异对模型结果的影响。随后,本书设定了三个初始模型来逐步探究不同因素对帖子传播效果的影响。

模型 1 旨在探讨帖子长度对传播效果的直接影响,并考察这种影响是否因主题类型的不同而有所变化(通过引入帖子长度与主题类型的交互项)。模型表达式为:

传播效果 ＝ 帖子长度 ＋ 帖子长度×主题类型 ＋ C。

模型 2 进一步引入情感极性作为自变量,研究其在控制帖子长度后,对传播效果的独立贡献及与主题类型的交互效应。模型表达式为:

传播效果 ＝情感极性 ＋ 情感极性 × 主题类型 ＋ 帖子长度 ＋ C。

模型 3 是在模型 2 的基础上,将情感极性替换为情绪类型,以探索不同情绪类型对传播效果的差异化影响,并同样考虑主题类型的调节作用。模型表达式为:

传播效果＝情绪类型＋情绪类型×主题类型＋帖子长度＋C。

利用 Python 中的 sklearn 和 statsmodels 等数据分析包，本研究实施了上述模型的层次回归分析。然而，在针对传播效果综合影响 F 作为因变量的全局模型中，我们发现大部分自变量的系数未能通过 T 检验，表明这些变量在整体模型中的解释力较弱或存在多重共线性问题。

鉴于此，我们采取了更为精细化的分析策略，分别以评论转发因子 F_1 和点赞因子 F_2 作为因变量，重新构建并分析了回归模型。这一步骤旨在更准确地揭示不同自变量（包括帖子长度、情感/情绪类型及其与主题类型的交互作用）对这两个关键传播效果指标的具体影响，同时评估了各模型的拟合优度及系数显著性，具体信息如表 6‑2 所示。

表 6‑2　预测帖子点赞量的分层回归模型

| 自变量 | 点赞因子(n＝306) | | | | | |
| | 模型 1 | | 模型 2 | | 模型 3 | |
	β	t	β	t	β	t
帖子字数	0.405	9.269***	0.024 7	1.139	0.175 1	5.361***
帖子句子数	−0.429 9	−6.180***	−0.013 2	0.391	0.005 5	0.126
情感极性			0.112 2	7.846***		
情绪—好					−0.017 8	−0.209
情绪—乐					−0.128 8	−0.38
情绪—哀					0.086 7	0.822
情绪—怒					0.055	0.252
情绪—惧					−0.005 8	0.076
情绪—恶					0.0335	0.639
words* 主题 0	−0.3521	−5.172***				
words* 主题 1	−0.337	−6.053***				

自变量	点赞因子($n=306$)					
	模型 1		模型 2		模型 3	
	β	t	β	t	β	t
sentences* 主题 0	0.5105	5.952***				
sentences* 主题 1	0.6177	6.941***				
情感* 主题 0			0.013 6	0.789		
情感* 主题 1			0.003 5	0.231		
F 值	50.81***	92.12***	12.04***			
拟合优度	0.504	0.605	0.429			

注:* 表示显著性水平为 0.05,** 表示显著性水平为 0.01,*** 表示显著性水平为 0.001。

在探讨"流浪狗捕杀"这一话题时,本书发现帖子的字数和句子长度对其传播效果有显著的影响。具体而言,当帖子内容更为详尽、句子构建较长时,往往能够引发更高的转发量和评论量。进一步分析情感倾向后,本书发现,帖子若传达出更积极的情绪,则更有可能吸引读者的参与,其表现为评论量和转发量的增多。

为了深入理解这一现象,本书引入了帖子的主题作为交互项进行分析。结果显示,帖子的主题对字数和句子长度与传播效果之间的关系起到了显著的调节作用。具体而言,与那些直接抵制捕杀、为流浪狗发声的帖子相比,讨论流浪狗治理中涉及的人身安全和法律制定问题,以及关于人与流浪动物权利探讨的帖子,在字数较少但句子结构更为复杂、信息量更为密集的情况下,反而更有可能获得较高的转发量和评论量。这表明,在特定主题下,公众可能更加注重帖子的信息密度和深度,而非单纯的字数堆砌。

关于流浪狗捕杀话题的点赞量预测,与评论转发量的影响因素存在相似之处。具体而言,帖子的字数越多、句子越长,且内容偏向于积极情绪时,往往能够收获更高的点赞量。然而,值得注意的是,不同主题因素对帖子字数与句子长度在传播效果上的作用产生了显著的调节效应。

基于上述分析，我们可以验证以下假设的成立情况。

假设 H_1："帖子的情感极性越倾向于积极，其在微博平台上的传播效果越显著"成立，表明积极情绪对提升帖子的点赞量具有积极作用。

假设 H_{3c}："公众讨论的话语主题类型还会对帖子内容的长度（如字数和句数）与传播效果之间的关联性产生调节作用"成立，说明主题类型是影响帖子传播效果的关键因素之一，且与帖子长度、句子结构等因素存在交互作用。

假设 H_4："在排除其他干扰因素的情况下，帖子的字数与句数若适当增加，可能会提升其在微博平台上的传播效果"为部分成立。虽然字数和句子长度对传播效果有一定的影响，但这种影响并非绝对，而是受到主题类型等多种因素的调节。在某些特定主题下，更精练且内容丰富的帖子反而可能获得更好的传播效果。

第六节　情绪传播机理与启示

一、研究小结

本书通过综合运用文本挖掘与情感计算技术，首先借助 LDA 主题模型精准提取了舆情热点，随后采用层次回归分析方法深入探究了流浪狗捕杀话题下公众讨论意见帖的传播效果及其内在规律。

在情绪相关性分析中，我们识别出几组高相关性情绪类别，如好与恶、好与惧、乐与惧及乐与恶，这些情绪交织反映了公众对于流浪狗捕杀事件的复杂态度。特别是含恶这一情绪的帖子，直接表达了对捕杀行为的不满与痛心；含惧这一情绪的帖子则聚焦于事件根源的探讨，激发了公众对流浪狗治理问题的深入思考与广泛讨论，有效推动了治理议题的进展。这一发现提示我们，在社会治理与网络舆论管理中，应有针对性地关注不同情绪类别的意见帖，以高效提取有价值的信息。

对帖子情感倾向的划分显示，积极情感在流浪狗捕杀话题中占据绝对优势（约 86%），远超负面情感（约 14%）。从时间序列的角度来看，积极与消极情感虽交错分布,但整体上以积极为主,体现了网民在表达个人情感的同时,也通过正面声音传递了解决问题的积极态度。在主题分布上,人与流浪动物权利的讨论最为突出,反映出公众对此类议题的深切关注,其次是对政府监管和法律制定的呼吁,最后才是捕杀事件本身引发的对立与冲突。这揭示了社会治理事件中,虽然情感驱动的传播力强,但网民更倾向于通过多元化议题促进问题的全面解决。

层次回归分析则揭示了影响帖子传播效果的具体因素:字数多、句子长的帖子更易获得较高的转发量和评论量;积极情绪更是推动传播的关键因素。更重要的是,帖子的主题与这些因素之间存在显著的交互作用。具体而言,相较于直接抵制捕杀或为流浪狗发声的帖子,那些深入探讨流浪狗治理中的人身安全、法律制定及人与动物权利问题的帖子,即便字数较少但句子结构复杂、信息密度高,也往往能引发更多转发与评论。这一现象表明,在微博等网络公众平台上,内容的深度、情感倾向及主题选择共同作用于传播效果,合理利用这些因素对于提升内容传播力和公众参与度至关重要。

二、实践启示

本书基于流浪狗捕杀的典型案例,揭示了网络舆论中情绪传播对公共决策和民意形成的重要作用,为理解和引导网络舆论提供了科学依据。本研究认为,为构建更加健康、理性的网络舆论生态,促进社会的和谐稳定与发展,应着重加强以下四个方面的工作。

第一,强化情绪传播监测与引导。研究表明,情绪在网络公众话语平台上的传播对公共决策和民意形成具有显著的影响。因此,实践中应建立情绪监测与预警机制,及时发现并有效引导网络舆论中的情绪走向,防止情绪极化现象的扩大。通过监测和引导,促进理性讨论,减少非理性和极端情绪的蔓延。

第二,优化社会治理策略。基于对网络舆论情绪传播机制的深入理解,社会治理策略应更加精准和有效。政府和相关机构在制定政策时,应充分考虑公众的情绪反应和利益诉求,使政策更具针对性和可接受性。同时,通过加强跨部门协作和资源整合，形成合力，共同应对社会治理中的复杂问题。

第三，提升公众的网络素养与参与度。本研究发现，公众在社交媒体上的情绪表达对社会治理有重要影响。因此，提升公众的网络素养，包括信息辨别能力、批判性思维和理性表达能力，是减少情绪化表达、促进理性讨论的重要途径。同时，鼓励公众积极参与社会治理议题的讨论，提出建设性意见，共同推动社会治理的进步。

第四，完善法律法规与平台监管。针对网络舆论中的虚假信息、恶意攻击等不良现象，应完善相关法律法规和平台监管机制。加强对网络谣言、极端情绪化内容的打击力度，维护网络空间的清朗环境。同时，加强对社交媒体的监管和管理，规范其信息发布和讨论行为，确保网络舆论的健康有序发展。通过这些措施，为社会治理提供有力的法律保障和平台支持。

第七章

智能时代的大数据伦理风险

在大数据时代,数据已经成为驱动社会发展和技术创新的核心要素。随着云计算、物联网等技术的快速发展,大数据在各个领域的应用不断深化,既带来了巨大的经济效益和社会价值,也引发了一系列复杂的伦理问题。特别是在新冠疫情期间,大数据在疫情防控、经济复苏等方面发挥的关键作用,更加凸显了研究和应对大数据伦理风险的重要性和紧迫性。

大数据伦理问题的复杂性主要体现在三个方面:首先,技术的快速发展往往超前于伦理规范的建立,造成规范滞后;其次,数据的采集、存储、分析和使用涉及多个主体,责任边界难以厘清;最后,不同国家和地区在数据保护标准和伦理观念上存在差异,增加了全球治理的难度。

本章将从理论和实践两个层面深入探讨大数据伦理问题。通过系统梳理现有文献,剖析大数据在发展过程中面临的伦理挑战,明晰大数据伦理的核心议题。特别是要关注在知情同意、隐私保护、数据主权等方面的具体问题,为构建更完善的大数据伦理框架提供理论支撑。

第一节　大数据与大数据伦理问题

随着云计算、移动互联网等技术的发展,大数据(big data)因其"4V"的特点,被广泛地应用在各行各业。数据显示,使用大数据分析的电子商务公司的生产率普遍比竞争对手高出 5%~6%[①]。尤其在新冠疫情大爆发及后续经济复苏期间,大数据显示出在社会生产、生活等方面的优势和关键性作用,引起各国政府的高度重视,成为重要的战略布局方向[②]。

爆炸式增长的信息在带来巨大的经济、社会效益的同时,也在颠覆着人

---

① Mcafee A, Brynjolfsson E, Davenport T H, et al. Big Data：The Management Revolution[J]. Harvard Business Review，2012，90(10)：60.

② Ivanov，D.，A. Dolgui. A Digital Supply Chain Twin for Managing the Disruption Risks and Resilience in the Era of Industry 4.0[J]. Production Planning & Control，2020.

类传统的伦理秩序。近年来，大数据产生的争议频出，问题涉及各个领域①。Risk Based Security 发布的 2020 年第一季度数据泄漏报告显示，2020 年第一季度的数据泄漏量猛增至 84 亿，与去年同季度相比增长273％，平均每次入侵导致 850 000 条记录被泄露。大数据争议更是成为国际社会的焦点，2020 年 8 月，美国总统特朗普签发的"TikTok 禁令"，禁止中国企业字节跳动旗下的"TikTok"在美国运营。除政治动机外，"TikTok禁令"背后体现出大数据技术与个人隐私保护乃至国家安全之间的矛盾。"TikTok 禁令"看似是在国际政治的角逐下产生的突发事件，实际体现出国际社会对数据利用和保护问题的重视。面对数据困境，同年 9 月，中国在"抓住数字机遇，共谋合作发展"国际研讨会上提出《全球数据安全倡议》，正式表达在大数据环境下对全球数据安全治理的重要期许，回应国际上加强数据安全保护的普遍呼声。

大数据伦理是指在大数据收集、存储、分析和使用等过程中涉及道德和实践的伦理准则，它贯穿了大数据活动的全过程②，数据安全问题仅是其中涵盖的一小部分。因此，从实践和理论层面理解大数据伦理现状是迫切且必要的。为促进这一进程，本研究对大数据伦理的学术文献进行了系统和全面的回顾，旨在厘清大数据在发展过程中所面临的伦理问题，阐述大数据伦理的核心议题以把握研究现状。

第二节　引发大数据伦理争议的关键因素

与传统技术相比，大数据能够快速、准确地预测行业发展以及个人偏好的趋势，提供合理的策略方向，以调节社会程序、商业运作等。实际上，大数据并没有一个明确和通用的定义，从本质上说，它是对相关技术和运行过程

---

① Lipworth W, Mason P H, Kerridge I. Ethics and Epistemology of Big Data[J]. Journal of Bioethical Inquiry，2017.
② Wang，Chanpaul，Jin，et al. A Survey of Big Data Research[J]. IEEE Network：The Magazine of Computer Communications，2015.

的统称①。其中,技术是指进行快速筛选和查询大量数据的信息处理硬件
配置,运行过程则包括挖掘数据、对数据进行预测分析、将分析应用于新数
据等方面。技术和运行过程共同构成一种方法学技术,在数据分析软件中
通过算法将多个数据集中的数据流(通常是非结构化的)转换成特定的、高
度数据密集型的内容。因此,通过算法分析海量数据,大数据能够找出数据
集中无法通过普通方式分析出的有用相关性②。追溯大数据伦理问题的争
议,需要从大数据中的算法和数据两大关键因素出发。

一、算法操作产生的伦理挑战

算法是强制性给定的有限、抽象、有效、复合控制的数学结构,可以在给
定条件下实现给定目的③,通过解释数据,为决策者提供相应的行动预测。
比如,分析和分类算法为个人和群体提供管理思路④;系统推荐算法向用户
提供物品、新闻等信息;个性化和过滤算法为在线服务的供应商优化访问信
息的方式⑤。人类在如何感知和理解周遭环境,以及如何与环境、他人的交
互方面愈发受到算法的影响。

研究表明,如果对在线广告的投放中可感知的种族进行考量,会发现使
用分析算法会导致歧视边缘化人群的结果⑥。使用算法进行数据分析时,
计算工作的不确定性和不透明性使得操作人员难以识别个体主观性对于算
法设计和配置产生的伦理问题,并且这类问题需要研究长期的多用户开发
过程,否则难以发现。

---

① Cohen, J. E. Configuring the networked self. New Haven[M]. CT: Yale University Press, 2012.
② Peggy Brinkmann. Why big data is a big deal[J]. Big Data, 2011, 2(02): 55 - 56.
③ Hill R K. What an Algorithm Is[J]. Philosophy & Technology, 2016, 29(01): 35 - 59.
④ Floridi L. Big Data and Their Epistemological Challenge[J]. Philosophy & Technology, 2012, 25(04): 435 - 437.
⑤ Newell S, Marabelli M. Strategic opportunities (and challenges) of algorithmic decision-making: A call for action on the long-term societal effects of "datification"[J]. Journal of Strategic Information Systems, 2015, 24(01): 3 - 14.
⑥ Latanya, Sweeney. Discrimination in Online Ad Delivery[J]. Queue Storage, 2013.

如今，算法越来越多地依赖于个人的学习能力[①]，即学习利用数据产生新模式和知识，并生成可对数据进行有效预测的模型的能力。算法的学习能力使其拥有一定程度的自主性，这种"自治"使机器学习所执行的任务更加难以预测（如何处理新的输入）或者进行事后解释（如何做出特定的决定）。算法"自治"所产生的不确定性极大增加了对算法设计、操作中挑战伦理行为的识别和纠正的难度。因此，随着算法复杂度的增加，以及算法通过"自治"交互来产生决策结果，由算法操作带来的伦理挑战将越来越大。

二、人与数据分离的伦理争议

2020 年 6 月，甲骨文公司的数据管理平台 BlueKai 被曝出因没在服务器上设置密码，泄漏了全球数十亿人的数据记录。仅这一个案例就足以展示出大数据伦理问题的复杂性，涵盖了数据管理问题（故意或意外地发布私人信息）、技术设计（即搜索引擎的偏见性）等问题。仅就社交媒体的使用而言，其过程涉及海量的时刻、决策和行动，且这些操作都可能将用户的行为转化为特定的数据，并进行存储、分析，甚至造成伤害。大数据使得行动与结果之间以及数据与人员之间的关系难以分辨，加剧了确定伦理问责制的难度。

在大数据时代，人与人自身产生的数据的关系受到挑战。学者指出，大数据时代的标志之一是对个人的数据进行抽象和分离，这些个人在数字空间中的活动是数据的来源[②]。换言之，通过大数据算法，人作为一个连贯的代表性实体，从社会背景和生活经验中抽象成一系列的数据点。一方面，大数据在将主体行为转换成数据的过程中，形成该实体基于数据的"个体画像"。因此，个体的日常行为、动作和话语都可能转换成数据点，甚至在股票市场上交易[③]；另一方面，大数据要关注的不是数据，而是数据点背后反映

① Tutt A. An FDA for algorithms[J]. SSRN Scholarly Paper, 2016.
② Markham A N, Katrin T, Andrew H. Ethics as Methods: Doing Ethics in the Era of Big Data Research——Introduction[J]. Social Media + Society, 2018, 4(03).
③ Skeggs, B. What are the consequences of tracking, trading and sub-priming the subject through stealth? [J]. The Sigtuna Foundation, 2017.

出的人①。当海量数据与其背后的行为主体无法对应时,干预就只是基于对象化的形式决策,不能处理日常生活中的特殊情况。在一些大数据研究中,数据常常被视为是无实体、错位的,作为工具的存在。这种工具化使用数据的方式虽然可以从宏观趋势上给出方向,但无法对应实际生活中具有主观能动性的个体。

如何把握数据与人的分离和关联,正是大数据引发伦理争议的关键所在,给收集、存储、分析以及共享数据的各个过程带来挑战。

第三节 大数据伦理风险的核心议题

一、知情同意与数据主权

当人作为研究对象被数据化,成为被分析和研究的工具而非真正意义上的人时,数据被视为公共资源或商品,可以随时获取、储存、分析和传播。然而,在大数据的实际采集中长期且普遍存在不道德的行为。那么,如何权衡数据的收集与数据主权之间的界限,是大数据伦理研究的核心议题之一。

研究指出,大多数 Twitter 的用户并没有意识到研究人员是以研究为目的使用 Twitter 的,且认为研究人员不应未经许可就使用 Twitter②。从历史上看,签署知情同意书是进行研究的必须程序,并且被研究对象产生的数据不能在更广泛的分析社区中共享,更不能被使用去进行不相关的其他研究。大数据通过算法的设计和操作揭示出数据点之间传统技术无法预料的联系,同时也使得原先的知情同意程序不完全适用于当下的研究。此外,当分析人员根据研究需求制定合适的收集数据方式时,会存在侵犯原始数

---

① Corple D J. , Linabary J R. . From data points to people: feminist situated ethics in online big data research[J]. International Journal of Social Research Methodology, 2019, 23(01): 1-14.

② Fiesler C, Proferes N. "Participant" Perceptions of Twitter Research Ethics[J]. Social Media + Society, 2018, 4(01): 1-14.

据主权的可能性。例如，一些物质和非物质文化（如故事和歌曲），它们极具精神意义和文化价值，却因为研究人员的需求被不适当地展示或存档①。

　　传统意义上的知情同意程序已无法适应大数据的发展现状，大数据研究亟须一个更广泛和全面的同意机制，以更好地适应当下数据收集和分析的环境。学者建议，可预先授权未来的二次分析，在维护研究对象的隐私的同时，确保数据所有权以及数据使用问题②。另外，国际社会上对确保数据主权所制定的政策普遍存在缺陷，为了分析目的而破坏原始数据主权的事件时常发生。研究人员展开工作时应该符合社会规范，从数据所属社区的角度来考虑他们的研究，捍卫原始的数据主权③。

二、公共利益与隐私保护

　　大数据的发展，从道德、文化、制度、产业多方面重构我们的生活。在公共卫生领域中，大数据催生出数字疾病检测（DDD）方法，利用全球实时数据检测数字疾病，加速检测疾病暴发的时间。这种获取、分析和传播流行病学信息方式的变化带来了巨大的社会效益。然而，具体和及时的信息发布可能会伴随着暴露公众的隐私。并且，即使大数据收集的数据链接是保密的，算法利用基于地理位置和互联网来源的组合数据集结合分析时，也会通过数据的关联使数据透明化。实际上，大数据时代对于数据隐私的挑战关键不在于划分公共与隐私的界限。这个挑战在于如何确定什么时候以什么方式负责任地进行信息的处理和保护，包括如何处理收集的数据，需要在数据中获得什么以及对未来行动做出预测的合理程度④。

---

① Marley T. L.. Indigenous Data Sovereignty: University Institutional Review Board Policies and Guidelines and Research with American Indian and Alaska Native Communities[J]. American Behavioral Scientist, 2019, 63(06): 722 - 742.
② Milton, Constance L.. The Ethics of Big Data and Nursing Science[J]. Nursing Science Quarterly, 2017, 30(04): 300 - 302.
③ Mai, Jens-Erik. Big data privacy: The datafication of personal information [J]. Information Society, 2016, 32(03): 192 - 199.
④ Mai, Jens-Erik. Big data privacy: The datafication of personal information [J]. Information Society, 2016, 32(03): 192 - 199.

为向研究人员提供可能的途径,学者引入隐私即情境完整性理论①,作为指导大数据研究项目中伦理决策的范式②。上下文完整性是隐私的基准理论,它将个人信息保护与特定上下文中的个人信息流联系在一起。不同于传统的公共信息与私人信息的二分法,该理论将适当的隐私保护与特定上下文中的信息规范联系起来,以帮助识别信息,解释为什么某些信息流模式在一种情况下是可以接受的,而在另一种情况下是有问题的。

为便于在大数据环境中形成现实性的隐私规范,最重要的是提升数据创造者的隐私保护意识。数据创造者需要理解数据虽具有不确定性,但具有广泛价值,并且在其原始环境之外也拥有无限的使用寿命③。只有数据创造者充分意识到这一点时,此类生产和传播敏感数据,尤其是上下文敏感数据的行为才会被有效抑制。

三、数据依赖与潜在偏见

大数据在数据预测领域有很广阔的应用前景,政府、企业都在利用数据分析和预测进行决策。但数据预测并没有人们所想的安全可靠,如美国大选以及英国脱欧公投的大数据预测与实际结果相反。

大数据在进行预测时,因为数据采集与解释中的潜在偏见,可能导致最后结果的误判。例如,2016 年,有学者对美国成年人互联网使用情况进行全国调查时发现,社会人口统计学变量与社交网站的使用密切相关,即具有较高社会经济地位的人更多地使用社交网站④。因此,那些基于社交网站进行的大数据研究实际上反映出的是特权人群的观点和行为,却经常在研究中被概括为群众的特性。社交媒体可挖掘的数据量虽然庞大,但远不能

---

① Nissenbaum H. . Privacy As Contextual Integrity[J]. Washington Law Review, 2004, 79(01).

② Zimmer, Michael. Addressing Conceptual Gaps in Big Data Research Ethics: An Application of Contextual Integrity[J]. Social Media + Society, 2018, 4(02).

③ Metcalf J. , Crawford K. Where are human subjects in Big Data research? The emerging ethics divide[J]. Big Data & Society, 2016, 3(01).

④ Hargittai E. . Potential Biases in Big Data: Omitted Voices on Social Media[J]. Social Science Computer Review, 2020, 38(01): 10 - 24.

代表公众。当企业和政府依赖来自社交媒体的大数据，并基于数据进行决策时，最终的行动可能无法平等地满足公众的需求，尤其是社会的弱势群体的需求。作为社交媒体上最不可能出现的用户，如果利用社交媒体的大数据，就会因潜在的偏见使决策加剧社会的不平等。

认识到大数据中潜在的偏见并非要抛弃收集的数据集，相反，是在进行大数据收集和分析中理解和反思这些数据代表的偏见。在各类平台收集数据时，适当使用包括方法学的三角测量等方法，以便在研究分析中意识到这些数据代表谁的声音，又忽略了哪类群体①。此外，在挖掘边缘化群体产生的数据时，可以整合具有情境化的解释以及易于理解的本地知识，对数据分析方式进行完善。弗雷（Frey）等人在收集参与帮派的芝加哥青年的Twitter数据时发现，如果基于断章取义的解释进行预测，会导致对芝加哥青年的误判和误罚②。Frey等人让曾经参与帮派的年轻人作为"专家"对数据进行解释，反而取得了较好的结果。地方知识应该融入更具包容性的数据分析和解码的方法中，这种跨界合作的方式将在收集和分析数据过程中减少潜在偏见，实现更有效的干预。

四、数据鸿沟与社会公正

掌握数据者和不掌握数据者之间存在巨大差距，特别体现在社会财富的分配和权力的应用上。曼诺维奇（Manovich）提出在大数据领域有三类人：创造数据的人、有能力收集数据的人、积累分析数据专业知识的人③。最后一类人掌握着权力，他们决定了如何使用数据，谁有权访问，谁有权参与。大数据作为一种解释"隐藏模式"的工具，是需要技术、设备、专业人才等储备的，而这些对创造数据的大部分人来说难以实现。正因为数据获取

---

① Sloan，L.，Quan-Haase，A.. A retrospective on state of the art social media research methods. In The handbook of social media research methods，2017：662-672.
② Frey W. R.，Patton D. U.，Gaskell M. B.，et al. Artificial Intelligence and Inclusion：Formerly Gang-Involved Youth as Domain Experts for Analyzing Unstructured Twitter Data[J]. Social Science Computer Review，2020，38(01)：42-56.
③ Manovich L.. Debates in the Digital Humanities[M]. Uniceersity of Minnesota Press 2012：3-11.

的难度和成本,大型收集和分析数据公司没有责任和义务向外公布数据以及分析的结果,而公众只能被动地被采集数据。"大数据鸿沟"实质是大型企业而非公众受益于大数据。许多人甚至不知道他们的数据在多大程度上被储存、交易和分析①。

就如何将大数据公正实践化,学界提出以下三种可能的解决方式。第一种是通过治理导致权力不对称的数据来解决大数据导致的不公正。将数据公正与开放数据联系起来,将开放数据问题纳入一个更大的信息公正问题中以建立信息公正。通过让技术哲学家、信息科学家和社会科学家参与合作研究,在数据技术方面使政治明确化②。第二种是有学者用《世界人权宣言》来论证数据所有权、访问权和代表权是公平和正义的基础。主张从网络化的角度出发,将数据系统视为地方和全球层面的连接器,利用数据技术,使得社会地位较低的人或边缘性群体可见,来提供更大限度上的分配公平性③。第三种是一部分学者重点关注如何在数据系统、承包商和目标的选择中体现特定的权力和利益,主张通过数据监管支持社会正义组织的工作来达到社会公正④。

第四节　大数据伦理风险的新现象和新问题

近年来,大数据产生的争议频出,一度成为国际社会热议的焦点。问题暴露出公众对大数据伦理理解与大数据的发展之间存在明显的差距。通过研究梳理,本研究最后聚焦于大数据伦理中的新现象和新问题,指明大数据伦理未来可研究的方向。

---

① Carbonell I M. The ethics of big data in big agriculture[J]. Internet Policy Review: Journal on Internet Regulation, 2016: 5.
② Johnson J. The question of information justice[J]. Communications of the ACM, 2016, 59(03): 27-29.
③ Heeks R, Renken J. Data justice for development: What would it mean? [J]. Information Development, 2016, 34(01).
④ Dencik L, Hintz A, Cable J. Towards data justice? The ambiguity of anti-surveillance resistance in political activism[J]. Big Data & Society 2016, 3(02).

一、平台经济发展中的大数据伦理问题

当下是平台经济的时代。平台经济是基于互联网大数据技术，建构产业一体化、生态化的平台，进行价值的创造、增值、转换以及实现的新经济形态。平台经济类型丰富，包括电商、社交媒体、交通出行、工业互联网等各个方面。平台经济在利用大数据极大地提高社会资源配置的效率带来巨大效益的同时，也带来了新的问题和挑战。数据监控和大数据杀熟等是平台企业饱受争议的焦点问题，不仅关系到平台企业的公平竞争和良性发展，更涉及广大的平台用户利益。因此，大数据伦理研究要更加关注平台企业层面，探讨如何构建良性的平台秩序，以实现平台经济的健康发展。

二、数据跨境流动引发的大数据伦理问题

随着大数据在全球各个领域的普及和应用，一方面，各个国家和地区在收集、使用大数据中涉及的伦理问题可能存在共通性或者特殊性，通过对比不同国家和地区，能够更好地了解大数据伦理；另一方面，在数字经济时代，数据跨境流动的广泛性使得数据的收集、存储和分享不再是一个国家和地区的事情。尤其在国际社会中，跨域数据的流动与国家安全、隐私保护的矛盾愈发突出，已然成为关系各国政治、经济、社会的核心议题。由于各国的制度差异和利益诉求不同，如何从国际层面融合差异，在数据流动与数据保护中实现平衡，协调国家安全、隐私保护和数据利用的三方关系，以推动国际数据规则的建构将是大数据伦理研究的重要方向。

三、技术开发中缺失的大数据伦理问题

就大数据技术开发而言，不仅要从科学技术层面进行，更要将其放在社会环境中，考虑到大数据所扮演的社会角色关系。将大数据与社会伦理相结合，是基于科技向善的理念，推动大数据更好地服务人类生活。已经有学者考虑将伦理嵌入大数据分析中，作为一种连贯的、着眼于未来的新混合方

法,以伦理和负责任的方式进行实践①。联合数据科学和伦理学进行探索,将弥补基于算法运算和数据工具化使用带来的认知缺陷,从伦理学角度更好地理解大数据研究,引导大数据向善。

① Neff G, Tanweer A, Fiore-Gartland B, et al. Critique and contribute: A practice-based framework for improving critical data studies and data science[J]. Big Data, 2017, 5 (02): 85 - 97.

第八章

生成式 AI 伦理风险的表现、
成因及治理

2022 年 11 月 30 日，由于 OpenAI 推出的 ChatGPT 具有出色的自然语言生成能力，随即在全球掀起了一场"大模型＋生成式"浪潮。自此以后，国内外各种生成式大模型如雨后春笋般涌现，譬如，LLaMA、Gemini、文心一言、讯飞星火……2024 年 2 月 16 日，OpenAI 文生视频 Sora 的发布更是令人震惊！它不仅直接颠覆了人类传统的"眼见为实"的认知规律，而且还动摇了人类视频创作的传统根基。"扔进一部小说、出来一部大片"的梦想如此接近现实。生成式人工智能的功能与作用远不止于此。与人类智能对齐的多模态大模型，视频生成并与物质世界对齐的世界模拟器，与物理世界进行交互的具身智能体，与科学发现与技术发明对齐的 AI 研究范式（AI for research），生成式人工智能在未来上述四个方面的发展，势必对未来世界的发展产生更加广泛、深刻和颠覆性的影响。

然而，人工智能、生成式人工智能技术的迅猛发展，在促进科技进步和社会发展的同时，也给人类生活和社会发展带来了巨大的安全风险，譬如，虚假信息泛滥，深度伪造视频和新闻，换脸、变声用于诈骗等，对此亟待加以治理。虽然法制是治理的有效工具之一，但它往往滞后于技术的发展。为此，本研究拟从传播伦理视角，探讨生成式人工智能传播伦理风险，进而探索其生态平衡治理，以期为其技术治理、法制提供伦理基础支持。

第一节　生成式 AI 伦理风险的隐忧

生成式人工智能技术发展快、波及广，相伴而生的伦理问题种类复杂、表现多样，涉及系统失控、技术滥用以及数据安全和隐私等多个层面。

一、系统失控风险

生成式人工智能的技术安全与其核心要素——算法（algorithm）、大数据（big data）和算力（computing power）密切相关。

首先，从算法角度看，透明度是生成式人工智能技术自身亟须解决的重大问题。当前的决策过程复杂且缺乏可解释性，这不仅影响了用户的信任，也给监管带来了挑战。此外，暗箱操作带来的透明度不足的问题还可能掩盖系统中的偏见和错误，从而延迟问题的发现①。

其次，大数据作为人工智能的基础，直接关系到生成式人工智能的鲁棒性问题。鲁棒性是指系统在面对输入的变化、噪声、干扰或恶意攻击时，维持稳定性和正确性的能力。在现实世界中，数据输入往往是不完美的，其中包含随机且无法祛除的噪声，甚至可能在学习过程中受到恶意攻击。因此，大数据的质量和安全性对于生成式人工智能的鲁棒性至关重要。

最后，算力作为支撑系统运行的核心要素，其安全性和稳定性也至关重要。算力的不足或过度使用都可能导致系统性能下降，进而影响整体的运行效率。这些技术问题的妥善解决，对于生成式人工智能的可持续发展具有直接而深远的影响。

二、技术滥用风险

除了生成式人工智能技术基础本身潜藏的风险之外，我们还需要高度警觉技术在实际应用中所面临的安全性和可靠性问题。

譬如，AIGC 技术的滥用已经导致大量虚假信息的产生和传播。AI 有时会无意地生成虚假或误导性信息，即所谓的 AI 幻觉，这对公共话语的完整性和媒体信任构成了严重威胁。更为棘手的是，AI 工具还能创造出逼真的社交媒体账号、电子邮件和客服对话，使信息的真伪更难以辨别。例如，美国民主党内部人士曾使用 AI 技术模仿前总统拜登向选民拨打电话，试图干扰新罕布什尔州的初选，这种技术滥用显然对学术伦理和社会秩序造成了极大的冲击。

此外，相较于人类出于自身目的主动利用 AIGC 造假，一些专门设计用于内容把关的 AI 工具反而会在工作过程中将虚假信息识别为真实，并通过

---

① 胡小勇，李穆峰，王笛新，等. 人工智能决策的道德缺失效应及其机制[J]. 科学通报，2024(11)：1406-1416.

主动加工包装将其打扮成真实新闻的模样,对公共信任造成更严重的破坏。2024 年 4 月 5 日,马斯克宣布引入 X 平台自家机器人 Grok AI。他将其功能描述为"为用户创造实时个性化新闻"。但 Grok 在头版发布的令人震惊的国际新闻——"伊朗用重型导弹袭击特拉维夫"却被证实为是完全编造的。Grok 大模型根据平台"搜索"中的关键词进行了联想,并根据一些用户的谣传,撰写了一篇事关重大但完全杜撰的新闻报道。这条新闻被作为热门在平台上大肆推广,使本就紧张的国际局势雪上加霜。当下全球性社交媒体已经成为大部分用户获取实时信息的主要来源,难以想象如若不对类似由 AI 一手炮制的虚假消息进行规制,将给人类社会带来怎样的危机①。

三、数据安全和隐私风险

生成式人工智能,特别是基于大语言模型(LLMs)的技术,具备生成与真实个人数据高度相似信息的能力,这无疑加剧了用户隐私泄露和非法数据利用的风险。为了应对这一挑战,社交媒体平台已开始采取措施,限制数据访问和 API 使用,以预防数据被抓取或系统被操纵。然而,数据泄露还是可能导致数据寡头现象,即企业和技术拥有者可能滥用用户数据以谋求政治或经济利益,这无疑对公众利益构成了进一步的威胁②。

隐私权受到威胁的同时,个体的名誉权和知情权亦面临风险。AIGC 在学习用户数据后,可能未经许可生成不道德或欺诈性内容。例如,今年备受关注的 AI 复活技术利用逝者的照片和录音创建虚拟形象,有在未经家属同意擅自使用这些材料的情况,这不仅可能侵犯逝者的多项民事权利,还引发了广泛的道德争议③。

原创作品版权保护机制不足成为显著的伦理风险之一。一些软件,如

---

① Elon Musk's X pushed a fake headline about Iran attacking Israel. X's AI chatbot Grok made it up. Mashable[EB/OL]. (2024 - 04 - 05)[2024 - 05 - 11]. https://mashable. com/article/elon-musk-x-twitter-ai-chatbot-grok-fake-news-trending-explore.

② 李扬,刘云丹. 类 ChatGPT 技术对新闻生产与传播的影响及伦理考量[J]. 传媒,2024 (03):31-33.

③ AI"复活"逝者成清明节新"生意",如何看待争议与风险? [EB/OL]. (2024 - 04 - 07) [2024 - 05 - 13]. https://baijiahao. baidu. com/s?id=1795664196577894160&wfr= spider&for=pc.

DeepArt、Midjourney 等，常基于未经授权的艺术家作品进行创作，而原创者未能获得任何经济补偿。2023 年，好莱坞编剧协会等组织发起的"数据起义"凸显了版权问题的紧迫性。创作者强烈反对 AIGC 工具，如 ChatGPT 等非法利用其作品训练模型，这一事件在业界引发广泛关注，突显了加强版权保护机制的必要性。

第二节　生成式 AI 伦理风险的成因

生成式人工智能技术的伦理风险并非孤立存在，而是根植于技术、个体与社会之间复杂而微妙的交织冲突。这种冲突具体表现为技术进步的迅猛与社会适应的相对滞后、个体权益的保障与技术应用边界的模糊，以及对社会公平与正义的追求与个体资源分配不均之间的张力。

一、技术进步的迅猛与社会适应的相对滞后

在探讨技术进步与社会价值间的平衡治理时，我们必须认识到这两者之间复杂的互动关系。技术作为人类改造自然、提升效率的强有力工具，无疑是推动经济增长和社会进步的关键因素。然而，社会规范——这些长期以来形成的行为准则和道德标准，在面对日新月异的技术变革时，往往会显得滞后，难以及时有效地应对新技术带来的挑战。

首先，人工智能生成的内容在提升我们获取信息效率的同时，也造成了技术与人类的认知差距。一方面，随着虚假信息的快速传播，生成式人工智能系统生成的信息量巨大，普通人难以分辨信息的真伪，导致认知负担增加，更对社会的信任体系构成了严重威胁；另一方面，自动化系统替代人类决策的趋势，不仅削弱了个人的自主决策权和判断力，算法还可能在无意中引入偏见，导致不公平的决策结果，从而引发伦理困境。

其次，经济利益驱动与道德约束之间的矛盾同样不可忽视。企业在追求利润的过程中可能忽视技术应用的伦理和社会影响，导致技术滥用和伦理风险。在激烈的市场竞争中，企业可能会在设计产品和服务中忽视伦理

审查和风险评估。例如，大数据的收集和使用可能侵犯个人隐私，引发公众对隐私保护的担忧。这些问题暴露了现有伦理规范在面对技术进步时的局限性和滞后性。

因此，技术演进与社会规范之间的摩擦催生了伦理风险。这种风险不仅体现在技术操作层面，更深刻地触及了社会价值观、道德标准以及人类尊严等核心层面。为了应对这些挑战，我们需要重新审视和调整社会规范，加强技术监管，并设立独立的伦理审查机构，以确保技术的发展符合社会的期望和价值观，保护公众的权益。

二、个体权益的保障与技术应用边界的模糊

随着生成式人工智能技术的迅猛发展，我们面临一个前所未有的挑战：如何在保护个体权益的同时，充分利用并规范这些技术，特别是在人类原创与人工智能生成之间的冲突方面。

首先，生成式人工智能技术的发展速度远超法律法规的更新速度。现行法律体系难以有效覆盖和规范 AI 技术的应用，导致法律空白和监管不足。在 AI 艺术创作工具，如 DeepArt 和 Midjourney 生成作品的过程中，未经授权使用艺术作品作为训练数据，直接侵犯了艺术家的版权，而现有的版权法未能及时针对这一新兴问题做出有效的法律保护。

其次，不同的社会群体对生成式人工智能技术的价值观和伦理规范存在差异，导致在技术应用过程中产生冲突。一方面，技术开发者和应用者可能追求效率和商业价值；另一方面，艺术家和公众可能更重视原创性和人文价值。这种价值观的冲突在技术实践中表现为对个体权益的忽视，从而产生伦理问题。例如，当 AI 技术能够生成与艺术家相似的作品时，艺术家的创作自主性和独特性便会受到威胁，导致其创作自由受到限制。

最后，随着 AI 生成的作品与人类艺术家作品在形式和内容上日趋接近，观众的感知和认知可能会产生混淆，观众也可能对 AI 生成的作品产生依赖，从而削弱对人类艺术家原创作品的欣赏和需求，最终损害文化生态的健康发展。

综上所述，在这场技术与艺术的博弈中，我们既要关注技术的进步和创

新，也要重视其对个体权益的影响。为了平衡人类原创与人工智能生成作品之间的关系，需要建立相应的法律法规和技术标准来规范技术的使用和发展。同时，公众也应提高自身的信息素养和审美水平，以更加理性和客观的态度看待和评价文艺作品。只有这样，我们才能在保护个体权益的同时，充分利用并享受技术带来的便利和创新。

三、社会公平与个体资源不均的张力

生成式人工智能技术不仅重塑了我们工作和生活的方式，更在深层次上引发了关于社会公平与个体权益的广泛思考。

首先，生成式人工智能技术可能会导致数字失业。随着 AI 技术的广泛应用，社会对数字技能的需求日益增加。然而，并非所有人都能迅速适应这一技术变革。那些缺乏必要数字技能的群体可能会在经济和社会发展中面临更大的挑战，甚至被边缘化[1]。这种技术替代不仅可能引发大量劳动力失业，还可能加剧社会的不稳定因素，从而引发更深层次的伦理问题。

生成式人工智能依赖大量数据进行训练，但这些数据并非完全客观、中立，往往包含社会中的各种偏见和刻板印象。当 AI 系统学习这些偏见时，就可能放大并延续这些偏见，导致数字歧视。例如，Amazon 的 AI 招聘工具被发现对女性候选人存在系统性偏见[2]，微软的 Tay 聊天机器人在短时间内因为学习了网络上的不当言论而发表了种族主义和性别歧视的言论[3]。这种数字歧视不仅损害了受影响群体的权益，也破坏了社会的公正和谐。

为了应对这些问题，我们需要在个体伦理和社会伦理之间寻求平衡。个体应当提升自身的技能和知识，以适应技术变革带来的挑战。同时，监管

① Arjun Santhosh, Drisya Unnikrishnan, Sillamol Shibu, K. M. Meenakshi, Gigi Joseph. AI IMPACT ON JOB AUTOMATION. ijetms, 2034：410 - 425.
② Chang, X. Gender Bias in Hiring: An Analysis of the Impact of Amazon's Recruiting Algorithm. Advances in Economics, Management and Political Sciences, 2023 (01)：134 - 140.
③ Beattie H, Watkins L, Robinson W H, et al. Measuring and mitigating bias in ai-chatbots. //2022 IEEE International Conference on Assured Autonomy (ICAA). IEEE, 2022：117 - 123.

机构也应积极制定和完善相关法律法规,规范和引导生成式人工智能技术的健康发展,确保其符合社会伦理的要求。只有这样,我们才能在享受技术带来的便利的同时,确保社会公平与和谐。

第三节　生成式 AI 伦理风险的治理理念和治理架构

一、治理理念：以人为本与科技向善

在人工智能时代,技术与人文的交融是构建和谐生态的关键。以人为本的价值原则为人工智能技术的发展指明了方向,它强调技术应服务于人的全面发展,并深刻考虑其对人类智能和就业能力的影响。这种人文关怀的核心思想确保了生成式人工智能技术能够服务于人类利益[①]。

同时,坚守科技向善的价值原则对于平衡技术与社会价值至关重要。这意味着生成式人工智能技术的发展不仅要追求经济利益,更要致力于推动社会的整体进步。通过以人为本、伦理规约和价值导向的引领,我们能够构建一个既和谐又高效的生成式人工智能生态,实现技术与人文的共融发展。

二、治理架构：平衡与可持续

本书综合考虑技术进步、个人利益、社会利益三个维度的论述,认为应当积极构建一个全面、多元和动态的治理体系架构(见图 8-1)。这一架构的构建体系需要政府、企业和社会各界的共同参与,并且需要不断地适应技术发展的步伐和社会变革的需求。通过这样的努力,我们有望实现更加公正、公平和高效的社会治理,推动社会的可持续发展。

从个人利益的角度看,生成式人工智能以其卓越的能力在提升工作效

---

① 尹铁燕,代金平. 人工智能伦理的哲学意蕴、现实问题与治理进路[J]. 昆明理工大学学报(社会科学版),2021(06)：28-38.

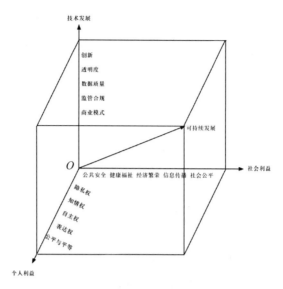

图 8-1　生成式人工智能治理架构

率和激发创造力方面表现出色。然而,这种技术的双刃剑效应也日益凸显,特别是在个人隐私保护与数据安全领域。例如,未授权的数据汇聚与利用,以及算法偏见可能带来的不公正待遇,已成为公众关注的焦点。因此,治理架构的一个重要维度就是强调个人信息及隐私权益保护。

从更宏观的社会视角审视,生成式人工智能无疑是推动经济增长和创新的重要引擎。但与此同时,它也可能引发就业市场的深刻变革和社会分裂的隐忧。为应对这些挑战,治理架构应致力于促进包容性增长,确保所有社会成员都能从技术进步中获益。此外,通过加强教育和培训,我们可以有效缩小数字鸿沟,让更多人享受到技术带来的红利。为了维护公共利益、防止技术滥用,建立健全的法律和监管体系也显得尤为关键[①]。

从技术维度看,生成式人工智能技术的不断迭代,对治理架构提出了更高的要求。为了适应这一快速变化的技术领域,治理策略必须具备前瞻性和灵活性,能够迅速响应新技术带来的挑战。因此,我们应倡导构建一个支持开放创新的治理环境,鼓励跨学科研究与国际合作,以推动技术的健康、

---

① 袁曾.生成式人工智能治理的法律回应[J].上海大学学报(社会科学版),2024(41)：28-39.

可持续发展。同时,建立完善的合规框架、法律法规以及伦理准则,是确保技术进步与社会责任、法律要求并行不悖的关键。在这一过程中,我们还应积极探索新的盈利模式和商业化策略,以实现技术与社会、经济的和谐发展。

第四节　生成式 AI 伦理风险的治理机制

本研究认为,以三维治理框架模型为指导,我们能够清晰界定并确立一套人工智能伦理的可持续发展治理机制。

一、优化生成式人工智能治理的顶层设计

在推进生成式人工智能治理政策的过程中,需要科学规划与系统布局具体实施路径。首先,成立专项研究机构至关重要,该机构将深入剖析生成式人工智能领域出现的各类问题和挑战,并据此构建一套全面且系统的伦理与法律规范体系,为政策制定者提供坚实的理论与实践支撑。随后,立法部门应积极响应,制定与生成式人工智能伦理紧密相关的法律法规,确保法律既合理又具备实际操作的可行性。

在实施治理政策时,应激励涉及生成式人工智能的企业主动参与到伦理框架的建构与实践中,通过组建行业自律组织来加强自我监管与约束。同时,为了保障政策的全面性和公正性,需要构建一个公共咨询平台,广泛采纳社会各界对于生成式人工智能伦理治理的意见和建议,确保在政策制定过程中汇聚多元视角,体现社会包容性。

此外,为了维护治理政策的长效性和前瞻性,应建立定期评估与修订机制,对生成式人工智能伦理治理框架进行持续的反思与更新。这样做不仅能够使框架与技术发展保持同步,还能不断提升其完善度和适用性,从而有效地推动治理目标的实现。

二、加强国际合作,构建具有灵活适应性的立法体系

在构建与生成式人工智能相关的立法和规范体系时,国际合作的重要

性不容忽视。我国应积极参与人工智能领域的国际论坛,深化与国际标准化组织(ISO)和国际电工委员会(IEC)等国际组织的合作,推动全球范围内标准的协商与共识,确保全球技术治理的均衡与公平。

同时,面对技术的日新月异,立法必须具备足够的灵活性和适应性。我国应推动构建一个能够应对技术变革的法律框架,其中包含设立监管沙箱等创新举措,以便在受控环境中对新技术进行测试。这种做法不仅有助于政策制定者深入评估技术的实际社会影响,也有助于保持监管的灵活性和技术创新的自由度。

从更宏观的角度看,法规的制定还应着重明确技术提供者和用户的责任界限,特别是在透明度方面。这不仅能提升整个技术系统的公信力,还能使终端用户更加清晰地理解并信任所使用的技术。

三、多主体协同参与,构建全面治理体系

在构建一个有效的生成式人工智能治理体系时,不同主体如政府、企业、科研机构及公众都扮演着不可或缺的角色,各自承担着特定的责任。

政府作为核心引导者,其主要职责在于制定和执行相关政策法规,以确保人工智能技术的研发和应用严格遵守国家法律法规及伦理规范。

企业作为技术创新的主要推动者,在追求技术创新的同时,必须恪守数据处理和个人信息保护的规范,确保其开发和应用的人工智能模型不仅合乎道德伦理标准,还要对社会承担起应有的责任。

科研机构则应在推动技术革新的同时,积极参与到公众教育和伦理探讨中,将科技成果与社会需求相结合。

公众作为治理体系的重要一环,通过反馈意见、参与社会讨论等方式,对人工智能的监管政策和实践产生深远的影响,推动治理体系不断完善和进度。

为了促进这些主体之间的信息共享和决策参与,建立高效畅通的沟通和协作机制至关重要,可以通过定期举办多方利益相关者会议、成立跨部门协作小组以及搭建在线交流平台等方式实现。例如,欧盟委员会设立的高级别专家组便是一个典范,该组织负责为人工智能伦理指南提供专业建议,

确保多方观点和专业知识能够充分融入治理体系中①。这种多元化的参与和协作模式,不仅提升了治理体系的全面性和有效性,也会促进人工智能技术的健康、可持续发展。

四、多维度监督评估,提升治理成效

为了确保生成式人工智能治理的成效,需采取一系列的综合性举措,包括引入独立第三方监管、定期更新治理框架以及进行深入的国际比较分析。

首先,委托独立第三方机构进行监管与评估能够更加客观、公正地识别并解决治理过程中可能存在的问题和偏见,从而提升治理体系的透明度与运行效率。这些第三方机构应具备专业性和权威性,能够全面评估治理体系的有效性,并提出改进建议。

其次,随着技术的日新月异,现有治理框架可能难以全面应对新的挑战和需求。因此,必须定期审视并调整治理策略,以确保其始终与最新的技术发展及市场需求保持同步。在这一过程中,需充分考虑不同国家和地区在治理实践中的差异性,形成更具针对性和实效性的治理方案。

最后,通过国际比较分析,我们可以从其他国家的治理实践中汲取宝贵经验,为我国生成式人工智能的治理提供有益的参考和启示。这种跨国的交流与借鉴有助于我们拓宽视野、丰富治理手段,并推动全球范围内生成式人工智能治理水平的提升。通过与国际同行的交流与合作,我们可以共同应对挑战,促进生成式人工智能技术的健康、可持续发展。

---

① Ethics guidelines for trustworthy AI(2019 - 11 - 08). https://op. europa. eu/en/publication-detail/-/publication/d3988569-0434-11ea-8c1f-01aa75ed71a1.

附　录

一、人机共创——AIGC 时代影视业的模式创新

人类传播技术在经历传统媒体、互联网之后，又进入 AI 这一崭新时期。特别是美国当地时间 2024 年 2 月 15 日，OpenAI 推出首款文本生成视频（text-to-video）的 Sora 模型，更是令人惊叹不已。那么，如何抓住人工智能技术革命的机遇，大力发展影视新质生产力？这一课题亟待我们深入思考和大胆探索。

文生视频 Sora 发布前，ChatGPT 已经在报业掀起了一波巨浪。美联社、路透社、彭博社、《华盛顿邮报》《纽约时报》等媒体已经将 ChatGPT 大模型应用于内容采集、数据分析、内容制作、个性化报道和受众互动运营等媒体场景中。全球首个由人工智能生成新闻报道的平台 NewsGPT 声称其不受广告主、个人观点的影响，可以每周 7 天、每天 24 小时为观众提供准确可靠的新闻。谷歌人工智能工具 Genesis 备受瞩目，据谷歌发言人表示，其目标是让记者利用那些提升工作效率的新兴技术。OpenAI 开发的 ChatGPT-4 内容审核，突破了过去被认为机器无法进入的禁区。由此可见，未来在媒体的策、采、编、审、发、营、评各个环节，AI 赋能已是大势所趋。

与此同时，美国正在爆发一场"数据起义"。好莱坞、艺术家、作家、社交媒体公司和新闻机构作为反抗者，都把矛头指向 ChatGPT 和 Stable Diffusion 等生成式人工智能工具，它们被指在未经许可或未提供补偿的前提下，非法利用内容创作者的作品训练大型语言模型。由此引发的传媒数据保护和数据安全问题，应引起传媒业界的高度重视。

与 ChatGPT 相比，文生视频 Sora 的技术更加复杂。简单了解其关键技术创新有利于我们更好运用 Sora 赋能影视业。

（一）Sora 的新技术及新功能

1. Sora 的新技术

文生视频 Sora 主要采用如下技术。

首先，Sora 使用了视觉补丁（patches），类似之前的文本标记（tokens），

可通俗地被理解为使用图像块将影片编码，以便后续训练生成模型。

其次，Sora 将视频的普遍特征最大限度地高度概括到低维度空间，即潜在空间（latent space），以节省算力。

再次，视频生成缩放（Transformer）。它利用时空补丁（spacetime patches）、Transformer 进行训练，生成不同分辨率、长度和长宽比的影片。

最后，将 DALL·E3 中的字幕技术应用于视频，能够准确地按照用户提示生成高质量的视频。

2. Sora 的新功能

首先，Sora 涵盖了文本输入、图像生成、视频合成、优化与调整等多个步骤，可以实现文生视频、图生视频、视频生视频，以及图像生成动画等产品。

其次，它具有在不同视频要素、场景，以及在不同主题和场景构图的视频之间创建无缝过渡的强大功能；还能实现将静态的图像动态化、向前或向后扩展视频、视频到视频编辑、视频无缝连接等。

最后，Sora 进行技术创新的最大突破在于"世界模拟器"（world simulator）。相较于此前 Runway，Pika Labs 等多家人工智能公司推出的文生视频大模型，Sora 不仅仅是技术的简单升级，而是能够生成动态摄像机移动的视频，模拟以简单方式与世界互动（interacting with the world）和模拟数字世界（simulating digital worlds）等。

（二）Sora 对影视行业的新挑战

尽管 Sora 的目标是世界模拟器，但目前还难以准确地模拟"玻璃破碎"等物理过程。显然，要实际投入更加复杂的、能够反映人类精神世界的影视专业制作，其技术尚待进一步的发展。尽管如此，我们有必要对其带来的挑战进行前瞻性的预测分析。

1. 颠覆传统的影视市场结构

随着 Sora 文生视频模型的大规模推广、普及与应用，视频制作的门槛将逐步降低，精英制作将逐步演变为大众制作。Sora 将首先直接冲击自媒体、短视频、直播及社交媒体视频；其次将冲击自制短剧、微剧、新媒体广告；最后将冲击专业媒体、电视媒体、新闻广播、综艺直播。尽管专业媒体并未首当其冲,但前两波冲击产生的海量文本、视频势必分散用户的注意力,将导致传统主流媒体市场下滑。Sora等生成式AI模型通过直接和间接两种方式,将导致主流媒体市场占有率进一步下降,主流媒体或将再次遭受重大冲击。

2.颠覆传统的影视生产模式

ChatGPT、Sora输入文字、图片或者视频能在极短时间内实现文生文本、文生视频。Sora具有超强的语言理解能力,从文本、图片到视频的生成能力,复杂场景、多角色、多镜头的生成能力,以及3D和4D动画视频生成能力。算法、模型介入影视内容生产的表现,其一是算法、模型将逐步取代人工,冲击我国现有的宣传文化队伍;其二是将逐步颠覆过去人类单一的影视生产模式。

3.颠覆传统的影视价值链体系

Sora不仅可文生视频,创造长达一分钟的视频,且具备多镜头的一致性。Sora让"扔进一部小说、出来一部大片"的梦想变得如此接近现实。倘若如此,传统影视生产价值链在去头掐尾后,中间环节可能存在被替代的风险。显然,Sora将对传统影视产业价值链体系造成了强烈冲击。

(三)创新影视的"人机共创"模式

1.整合视听行业数据,创建影视数据平台

影视制作的数字化和智能化已成为一个不可逆转的发展趋势。只有整合视听行业数据,创建影视数据平台,优化新型影视生态,才能以更高的效率去创造更大的价值。广电行业的数据资源质量高且规模庞大,并且有视频标准规范、易于标注等优势,为此,整合行业数据、创建影视数据平台是广电行业智能化发展的基础。在此领域,上海广播电视台着手进行的语料库建设、多模态数据对齐、大视听垂类模型研发、自主开发空镜素材智能推荐系统等尝试,都是值得充分肯定的。为迎接人工智能技术革命带来的机遇与挑战,广电行业或应积极建立广电语料数据联盟,制定全行业数据标准,创建影视数据平台,推进广电行业智能化水平。

2.开发智能软件工具,赋能影视内容生产

一方面,Sora只需简单的自然语言提示,即可生成高清视频;另一方面，Sora 技术简化、省略了传统动画特效复杂的数学模型、建模软件、VR 技术，将使特效制作更加简单高效。上海广播电视台推出 Scube 智媒魔方，"开箱即用"，高效赋能两会报道。阿基米德应用音频指纹识别，生成全国广播热歌榜和综合排名榜单；应用自然语言处理（NLP），提取节目的语义和结构信息；研发音频类算法，实现音频分类、声纹识别和说话人识别；研发虚拟主持人、有声书生产、AI 电台。第一财经建构融媒体智能生产平台，实现财经融媒体内容生产辅助和智能图库建设，AI 可辅助写稿和视频内容生产。以上尝试取得了良好的效果。尽管受到硬件和算法的制约，这些模型还有待完善，但他们在此领域积极探索的方向，给未来的传媒实践提供了经验。

3. 创建"人机共生"生态，建构"人机共创"模式

继 UGC 和 AIGC 之后，随着文生视频 Sora 的到来，人类将不折不扣地迎来 H-AI-GC（human-AI generated content），即人类与 AI 共同创造内容的时代。为此，汲取中国文化"天人合一"思想有助于创建人机共生的影视新生态，实现人机合一、人机合德、人机和谐、人机共生，共同推动 AI 技术与影视内容的深度融合，共创影视行业高质量发展。以此视角来考量上海广播电视台旗下东方明珠新媒体的实践，它提出的广电＋文旅行业赛道生态建设，是着眼于未来"人机共生"生态的一个初步尝试，虽仍是以概念为主，但方向感的确立有利于未来传媒行业朝向"人机共创"模式的进化。与此同时，将人的作用引入 AI 系统中，建构以人为中心，人类智能与人工智能混合的、人机共创的影视内容生产模式，有利于发展影视新质生产力，实现行业的高质量发展。

二、Sora 来了，智能时代的影视行业路在何方

美国当地时间 2024 年 2 月 15 日，OpenAI 推出其首款文本生成视频（text-to-video）的人工智能模型 Sora。它不仅使文生视频成为现实，而且各种要素、场景之间的无缝衔接更是令人叹为观止。

（一）Sora 是什么

回溯互联网与数字媒介发展，不难发现每次媒介技术的重大突破，势必

引起产业与社会的巨大变化。

Sora 技术的突破将给影视行业带来怎样的冲击与变化呢?

1. 价值链体系的冲击

Sora 不仅能文生视频,更是能创造长达一分钟的视频,且具备多镜头的一致性。Sora 让"扔进一部小说、出来一部大片"的梦想如此接近现实。

显然,Sora 将对传统的影视产业价值链体系造成强烈冲击。

2. 人工生产模式的变化

Sora 擅长生成具有多个角色、精确动作和详细背景的复杂场景渲染视频。Sora 具备仿真功能和 3D 动态赋能特征,可学习影片生成、3D 生成和 4D 生成等。

在上述领域中,Sora 可替代人类传统的生产模式,创造更加逼真的视频和引人入胜的体验。

3. 市场结构的改变

可以预见的是,未来视频制作的门槛将逐步降低,大众化成为大势所趋。

大众生产的海量视频势必分散用户注意力,中低端影视市场必将遭受强烈冲击,传统的影视市场结构将发生重大变化。

(二)我们怎么办

虽然如何应对 Sora 这一新生事物,我们尚无经验可循,但人与自然的关系是中国文化老生常谈的话题。

汲取中国文化"天人合一"的思想,创建"人机共生"的影视新生态,将是推动影视行业高质量发展的必由之路。

1. 创建 Sora 赋能的制作新模式

电影百年历史中,任何一次技术革命都为其赋能。为此,抓住 Sora 技术创新,迭代机遇,创建影视制作新模式,抓住 AI 发展的机遇,有利于大力发展影视生产力。

首先,解放简单、重复的影视劳动。Sora 只需简单的自然语言提示,即可生成高清视频。它将人从简单、重复的劳动中解脱出来,以更高的效率去创造更大的价值。

其次,提高动画特效的智能化水平。Sora 的出现将推动特效制作更加简单、高效、智能。

最后，Sora 催生新的职业需求。如提示工程(prompt)师、AI 技术专家等。

2. 拥抱"世界模拟器"的新未来

Sora 的重要目标是成为"世界模拟器"。它并非文生视频那样简单，而是人工智能对物理世界的理解、模拟能力达到空前的高度。

为此，我们要以开放的心态，积极拥抱"世界模拟器"的新未来，不断拓展影视行业的新边界，创新影视创作的新领域，推动影视行业高质量发展。

（三）Sora 不是终点

面对 Sora 带来的冲击，影视业不能亦步亦趋。

事实上，Sora 同样属于人工智能(AI)的范畴，有赖于数据、算法与算力三要素而存在。因此，创新数据，引领算法和超越 Sora 模型，影视业才能赢得未来。

《庄子·天道》中"轮扁斫轮"的故事给了我们启示。齐国轮扁砍制车轮时往往根据多年的实践经验达到得心应手的境界，但他无法将其"奥妙"教给儿子，儿子只能通过自身实践去领悟。因此，真正的"奥妙"不可言、无法传，只能靠人亲身实践和感悟。真正的艺术、高超的创意和精湛的作品都是独一无二和不可复制的。

Sora 降低了影视制作业的门槛的同时，提高了视频创新的"天花板"，对影视创作者的创新、创意和专业水准提出了更高的要求。

影视创作者唯有频出"金点子"，不断推出精品力作，建设强大的数字资源，才能完成从追赶 Sora 到超越数据和算法，进而引领模型的"华丽转身"。

Sora 的关键技术之一在于使用潜在空间(latent space)技术。该技术的目标在于提取视频的普遍特征，而一些个性化的元素容易被误认为"杂质"，或被忽略，或被踢出。它虽然可以逼真地反映物理现实世界，但很难反映人类的精神世界中独一无二的情感体验。

勇于超越 Sora 潜在空间算法的新逻辑，回归影视作品反映精神世界本位，驾驭 Sora 赋能影视创作，将是未来影视业发展新质生产力的主要方向之一。

通过 AI 赋能不断推出高质量的精品力作,引领数据,引领算法,主流媒体责无旁贷,任重道远。

三、数智技术赋能古籍保护与传承

文化是民族的血脉,是人民的精神家园。中华民族绵延数千年,屹立于世界的东方,正是孕育于中华文化这片沃土。诚如钱穆先生所言:"没有中华民族,便没有中国文化;但亦可说没有中国文化,也就没有了此下的中国人。"文化的重要性由此可见一斑。"求木之长者,必固其根本;欲流之远者,必浚其泉源。"追根溯源,中华文化的源头活水,根系所在,皆与古籍相关。然而,这些承载着中华文化内涵与精神价值的古籍在历史上曾遭受水火兵燹损毁,还受到诸如自然老化、不适当的保存方式等因素影响。因此,保护古籍宛如与时间赛跑,刻不容缓。

全国科学技术名词审定委员会发布的古籍保护定义,即采用各种技术和措施以防止古籍遭受自然和人为破坏,延长其保存期限和使用寿命,并尽量保持其原有形态。据此统计,我国现存古籍大约 5 000 万册(件),其中有 1 000 多万册(件)亟待抢救性修复。由于古籍的文物属性,其修复以国家队为主。国家图书馆作为国家古籍修复的中坚力量,每年仅可修复古籍 500 多册。据估计,倘若没有 AI 技术介入,完成古籍数字化尚需两三百年时间,而 AI 技术介入则可将时间缩短到二三十年。为此,发挥国家古籍修复主力作用,引入高校、企业技术参与,借助数字化、智能化技术,在古籍保护的原生性、再生性和传承性三个层面,全面推进古籍保护与传承,将不失为一条有效的措施。

(一)开展原生性古籍数字化保护,赓续中华文化文脉

自党的十八大以来,国家持续关注文物和古籍的保护及传播。中共中央办公厅、国务院办公厅印发《关于推进新时代古籍工作的意见》强调:"做好古籍工作,把祖国宝贵的文化遗产保护好、传承好、发展好。"[①]社会各界

---

① 　中共中央办公厅　国务院办公厅印发《关于推进新时代古籍工作的意见》[EB/OL]. (2022-04-11)[2022-05-13]. https://www.beijing.gov.cn/zhengce/zhengcefagui/ 202204/t2022 0412_2672300.html.

从原生性、再生性、传承性等多个层面紧急地保存、深入挖掘并详细解读古文献[1]。在古籍保护中，"藏"的问题已得到了妥善处理，不仅采取了适当的典藏、精心修缮和适度的自然保护措施。为了实现对古籍的长期维护和修复，我们应使用多种科学、合理的方法来推广古籍[2]。为此，如何利用数字化技术来修复和保护古籍成为近年来古籍保护和传承的重要课题。

古籍修复有两个关键点，其一是古籍修复既对缺字补充，对不清晰的字、特殊异体字、别字的辨识；其二是古籍的数字化。在上述两个方面，AI技术的应用具有重要的发展前景。故宫借助字节跳动古籍保护专项基金，筹建古籍科技实验室，进行古籍修复、古籍数字化、雕版预防性保护、专题展览及出版等项目，探索破解上述难题。该实验室利用字节跳动研发的OCR技术，将文字识别效率和准确度从行业平均的93%～94%提高到96%～97%，从而提高了古籍数字化水平，加快了古籍数字化进程。该实验室以清代《钦定宫中现行则例》《大藏经》为重点，展开原生性古籍保护与数字化。浩瀚烟海的古籍数字化，既是一项巨大的系统工程，也是古籍保护与传承的未来发展方向。

（二）搭建再生性古籍智能化平台，赋能传统文化传播

古籍保护技术主要分为数字传播与整理修复两部分。《数字项目手册：保存和获得的管理工具》一书深入讨论了古籍数字化的长远影响、需考虑的多种因素、所选原材料、版权保护、预期使用寿命及相关技术支持，对古籍的数字化过程提供了详尽的解析[3]。Roberta Pilette则详细解释了古籍防护的核心价值和保护流程[4]。社会各界从原生性、再生性、传承性等多个层面紧急地保存、深入挖掘并详细解读古文献，对古籍系统化保护颇有启示[5]。

① 陈怡爽,安平,赵洪雅."十三五"时期古籍保护的宣传实践与特色[J].古籍保护研究，2021(02)：10-26.

② 李德龙.古籍保护与典藏、整理、传播之关系浅探[J].古籍保护研究，2015(00)：21-27.

③ SITTS M K. Handbook for digital projects: a management tool for preservationand access[M]. Mass: Northeast Document Conservation Center, 2000.

④ Pilette, Roberta. Book Conservation within Library Preservation [J]. Collection Management, 2007, 31(1-2): 213-225.

⑤ 陈怡爽,安平,赵洪雅."十三五"时期古籍保护的宣传实践与特色[J].古籍保护研究，2021(02)：10-26.

然而,我国的古籍大多散落于不同的图书馆,数字化程度较低;或被存储在各种不同的数据库中,使得高效的检索、关联阅读及深入挖掘和利用变得困难。为此,搭建再生性古籍保护与传承的数字化、智能化平台,满足现代用户的数字化、智能需求,将是未来古籍保护与传承的必然选择。

北京大学、国家图书馆与字节跳动等机构合作,通过发挥企业的技术和平台优势,整合北京大学、国家图书馆的古籍资源,联合研发、系统集成古籍数字化平台"识典古籍"。《2023 抖音集团企业社会责任报告》显示,"识典古籍"上线古籍 4 000 余部。抖音集团与文化和旅游部、北京大学签约,将以中华古籍智慧化整理和服务为突破口,共建全国智慧图书馆体系;到2025 年底,完成国家图书馆等收藏单位提供的 2.5 万种古籍的数字化整理,并提供公益性公众阅读服务。从全球数据来看,中文占比偏低,中国古籍稀缺。"识典古籍"数据化平台上线,可谓久旱逢甘雨,推进了中文数据基础性建设;古籍智能助手上线,提高了古籍的智能化水平。

(三)促进传承性古籍的数字活化,提升中华文化影响力

"万物有所生,而独知守其根。"因此,推广中国古籍,传播中华文化有利于凝心聚力,实现民族复兴。不仅如此,文化也是一张世界名片。据笔者研究发现,美国问答社区 Quora 中对中国文化的正面回答率高达近 60%,而且对中华文化感兴趣者通常对中国形象持正面评价。显然,中华文化传播有利于为"讲好中国故事"创造良好的文化氛围。为此,各个从事古籍保护的组织、企业和个人应当充分运用数据平台资源,开辟更多的文化传播途径。为此,促进古籍的创造性转化和创新性发展,不仅展示古籍保护在技术层面上重要成果,而且能让大众喜闻乐见,在潜移默化中体现出古籍的精神价值。以下是古籍保护与传承的实践。

借助数字化平台让古籍走向大众。中国文物保护基金会、国家图书馆与字节跳动公益联合发起"寻找古籍守护人"活动,依托抖音、今日头条、西瓜视频庞大的用户数,活跃的 UGC 和 PGC 内容生态,开设"抖音古籍"官号、头条古籍频道,通过"古籍公开课"和"一分钟古籍",建立古籍活化的传播矩阵。以通俗易懂、生动活泼的方式讲述、演绎古籍内容,让古籍更好地走向大众。《抖音企业社会责任报告》显示,抖音已经成为年轻人获取古籍

知识的重要平台，每天有超过 3 000 万用户在抖音观看与古籍有关的视频。

借助古籍复原让古籍在生活中"活"起来。西瓜视频、鲜时光 TV 联合出品的《穿越时空的古籍》，除了涉及古籍修复外，还将古代的美食、服饰等复原出来，让古籍在现代生活中真正"活"起来。

参考文献

中文文献

［1］喻国明，苏健威. 生成式人工智能浪潮下的传播革命与媒介生态：从 ChatGPT 到全面智能化时代的未来［J］. 新疆师范大学学报（哲学社会科学版），2023，44(05)：81-90.

［2］王建磊，曹卉萌. ChatGPT 的传播特质、逻辑、范式［J］. 深圳大学学报（人文社会科学版），2023，40(02)：144-152.

［3］支振锋. 生成式人工智能大模型的信息内容治理［J］. 政法论坛，2023，41(04)：34-48.

［4］钟祥铭，方兴东，顾烨烨. ChatGPT 的治理挑战与对策研究：智能传播的"科林格里奇困境"与突破路径［J］. 传媒观察，2023，(03)：25-35.

［5］郑满宁. 人工智能技术下的新闻业：嬗变、转向与应对：基于 ChatGPT 带来的新思考［J］. 中国编辑，2023，(04)：35-40.

［6］彭兰. 从 ChatGPT 透视智能传播与人机关系的全景及前景［J］. 新闻大学，2023，(04)：1-16+119.

［7］王延川，赵靖. 生成式人工智能诱发意识形态风险的逻辑机理及其应对策略［J］. 河南师范大学学报（哲学社会科学版），2023，50(04)：1-7.

［8］郭小平，秦艺轩. 解构智能传播的数据神话：算法偏见的成因与风险治理路径［J］. 现代传播（中国传媒大学学报），2019，41(09)：19-24.

［9］严三九. 融合生态、价值共创与深度赋能：未来媒体发展的核心逻辑［J］. 新闻与传播研究，2019，26(06)：5-15+126.

[10] 王硕,阎妍. 生成式人工智能时代下科技传播的机遇与挑战：基于科技传播体系的分析[J]. 中国科技论坛,2024,（09）：134 - 143.

[11] 孟天广,张静,曹迥仪. 社交媒体空间公众大模型认知：主题、态度与传播[J]. 苏州大学学报（哲学社会科学版）,2024,45(05)：181 - 190.

[12] 张铮,刘晨旭. 大模型幻觉：人机传播中的认知风险与共治可能[J]. 苏州大学学报（哲学社会科学版）,2024,45(05)：171 - 180.

[13] 杨保军,杜辉. 智能新闻：伦理风险·伦理主体·伦理原则[J]. 西北师大学报（社会科学版）,2019,56(01)：27 - 36.

[14] 当代中国与世界研究院. 人工智能时代的国际传播[M]. 北京：外文出版社,朝华出版社,2024.

[15] 徐翔. 计算、智能与传播（第 1 辑）[M]. 上海：同济大学出版社,2020.

[16] 刘庆振,于进,牛新权. 计算传播学：智能媒体时代的传播学研究新范式[M]. 北京：人民日报出版社,2019.

[17] 郑晨予. 新塑传导论：基于智能生成的传播学研究新范式[M]. 上海：复旦大学出版社,2018.

[18] 杨旦修. 人工智能传播伦理与治理[M]. 北京：社会科学文献出版社,2024.

[19] 赵静宜. 智能传播发展的逻辑演进研究[M]. 北京：中国社会科学出版社,2023.

[20] 高慧敏. 具身存在：智能传播时代的身体与媒介互动[M]. 北京：中国社会科学出版社,2024.

[21] 彭兰. 智能与涌现：智能传播时代的新媒介新关系新生存[M]. 北京：电子工业出版社,2023.

[22] 牟怡. 传播的进化：人工智能将如何重塑人类的交流[M]. 北京：清华大学出版社,2017.

英文文献

[1] Csikszentmihalyi, M. (1997). Finding flow. Psychology Today, 30 (4), 46 - 50.

［2］Teo，T. S. ，Lim，V. K. ，Lai，R. Y. (1999). Intrinsic and extrinsic motivation in Internet usage. Omega (Oxford)，27(1)，25 – 37.

［3］Pillai，R. ，Sivathanu，B. (2020). Adoption of AI-based chatbots for hospitality and tourism. International Journal of Contemporary Hospitality Management，32(10)，3199 – 3226.

［4］Nistor，N. (2014). When technology acceptance models won't work: Non-significant intention-behavior effects. Computers in Human Behavior，34，299 – 300.

［5］Terzis，V. ，Economides，A. A. (2011). Computer based assessment: Gender differences in perceptions and acceptance. Computers in Human Behavior，27(6)，2108 – 2122.

［6］Çoban，E. ，Korkmaz，Ö. ，Çakir，R. ，Ugur Erdogmus，F. (2020). Attitudes of IT teacher candidates towards computer programming and their self-efficacy and opinions regarding to block-based programming. Education and Information Technologies，25(5)，4097 – 4114.

［7］Terzis，V. ，Economides，A. A. (2011). Computer based assessment: Gender differences in perceptions and acceptance. Computers in Human Behavior，27(6)，2108 – 2122.

［8］Belanche，D. ，Casaló，L. V. ，Flavián，C. (2019). Artificial Intelligence in FinTech: understanding robo-advisors adoption among customers. Industrial Management + Data Systems，119(7)，1411 – 1430.

［9］Ong，C. -S. ，Lai，J. -Y. (2006). Gender differences in perceptions and relationships among dominants of e-learning acceptance. Computers in Human Behavior，22(5)，816 – 829.

［10］Taylor，A. ，Dalal，H. A. (2017). Gender and Information Literacy: Evaluation of Gender Differences in a Student Survey of Information Sources. College & Research Libraries，78(1)，90 – 113.

［11］Haggstrom，D. A. ，Lee，J. L. ，Dickinson，S. L. ，Kianersi，S. ，

Roberts，J. L. ，Teal，E. ，Baker，L. B. ，Rawl，S. M. (2019). Rural and Urban Differences in the Adoption of New Health Information and Medical Technologies. The Journal of Rural Health，35(2)，144 - 154.

[12] Sherif，M. (1936). The psychology of social norms. Harper.

[13] National Science Foundation. (2019). Science and engineering labor force：Educational attainment of the science and engineering labor force. In Science and Engineering Indicators 2019.

[14] Yu，X. ，Liu，S. (2022). Disparities in Online Use Behaviours and Chinese Digital Inclusion：A 10-Year Comparison. International Journal of Environmental Research and Public Health，19(19).

索　引

后　记

本书作为国家社科基金重大项目"5G 时代新闻传播的格局变迁与研究范式转型"(项目编号：21&ZD325)的阶段性研究成果,不仅深度挖掘了 5G 时代背景下新闻传播领域的深刻变革,还广泛探讨了智能传播研究的中西方比较,揭示了智能媒体技术的逻辑演进路径,分析了智能技术如何驱动媒体内容生产的创新,以及智能传播技术在受众中的接纳现状与未来趋势。同时,本书还关注了智能时代情绪传播的复杂性、舆情风险的管理策略,以及智能传播伦理的治理框架与实践挑战,旨在为读者呈现一个全面而深入的 5G 时代新闻传播研究图景。

在本书的相关研究中,李本乾教授与王大可博士参与了各章节研究设计的整体规划。李本乾教授主导并深入参与了引言、第一章、第二章、第五章、第七章及附录相关内容的撰写。王大可博士主导并完成了第三章、第四章、第六章的论文撰写工作。

此外,本书的顺利完成还得益于谢媛、马姣姣、刘家辰、何雪琪、刘子崴、孙滢昊等多位学者和同学的积极参与。他们对全书第二章、第四章、第五章、第六章、第七章的撰写作出了重要贡献。